セックスが

本当に気持ち良くなる

LOVEもみ

OliviA《オリビア》

日本文芸社

あなたは、いまどんな気持ちで
この本を手にしていますか？

はじめまして。ＯｌｉｖｉＡです。私の職業は、性生活のアドバイザーです。大学時代に、性の調査研究を始め、卒業後は、スキンシップとしての「セックス」を追求するため、リラクゼーションマッサージ業界に就職しました。その中でベビーマッサージから老齢期のタッチケアに至るまで、様々な『触れる』セラピーがあり、スキンシップの有効性を知りました。

その反面、セックスは、アダルトコンテンツに分類され、真面目に語られにくく、スキンシップとしての質が軽視されていることに気づきました。インターネット上には性の情報があふれていますが、現実には、性の話題はいまだクローズドで、私の元に相談に来られる方は「誰にも相談できず、ずっとひとりで悩んでいた」とおっしゃいます。ご相談で多いのが、「セックスレス」の悩みです。

私がこの仕事を始めた２０１０年頃は、中高年世代からのご相談が多かったのですが、年々低年齢化していき、今では、結婚前のカップルや妊娠を希望している新婚夫婦もセックスレスで悩んでいます。

ＬＯＶＥもみは、性の知識とリラクゼーション業界で得た技術を組み合わせて考案した、セックスレスを解消し、ふたりの絆を深めるスキンシップ・コミュニケーションです。「ＬＯＶＥもみレッスン」は、受講生の口コミで広がり、メディアで多数紹介され全国から受講生が通っています。この本は、私がレッスンやカウンセリングでアドバイスしている内容をご紹介しています。

テクニックは、できる限りわかりやすく伝えるように心がけました。ＬＯＶＥもみを通して、セックスは、元気や安心感、自由を私たちに与えてくれるもの、生きることの喜びとなるものだと体感して欲しいと思っています。ぜひ、パートナーとふたりで読みながら試してみてください！

男性器への愛撫テクニック

誰にも言えなかった…。その悩み、もうあきらめていませんか？

そもそもセックスレスです

女性器への愛撫テクニック

その悩み、あきらめないで!!

触れ合う前に
知っておくべきこと

触れ合いにおいて大切なこと

触れ合い＝セックスとは限らない

今、こうして本書を読んでいる人の多くが、パートナーとのセックスに問題があり悩んでいる、もしくは、セックスをより楽しみたいという向上心や好奇心を持っているのではないでしょうか。実際、私の元に相談に来られる方の大半がそのような悩みや気持ちをお持ちなので、やはり、愛する人とのセックスがいかに大切かということを改めて実感します。ただ、お話をうかがうと多くの人が、セックス以前の大切な部分を見落としてしまっているのです。

コミュニケーションを制する者は、セックスを制す？

イメージしてみてください。無言で義務的なセックスと目を見つめ好意を伝え合いながらのキスやお互いの気持ち良いポイントを確認しながらのセックスを…。大半の人が後者を選ぶと思いますが、その差はコミュニケーションです。目を見て挨拶をする、ありがとうの気持ちを伝えるなど、日々のコミュニケーションこそが、触れ合いの土台となるのです。日々の生活でできないことは、セックスの時もできません。ふたりのコミュニケーションをぜひ一度見直してみましょう。

あなたはパートナーと触れ合えていますか

前項でお伝えした通り、触れ合いの土台は日々のコミュニケーションです。ただ、その日の感情に左右されたり、自分は意識していてもパートナーが向き合ってくれないこともあります。なので、コミュニケーションは決して当たり前にできることではないのかもしれません。だからこそ、多くの方がセックスレスを始め、会話レス、スキンシップレスなど様々なレスに悩んでいるということも理解しています。

では、どのように改善をしていけば良いのか。方法はいくつかあると思いますが、やはり効果的なのは「マッサージ」です。現代人は、これだけの機械に囲まれたり、日々、家事や仕事追われている中で、心とカラダの疲れを感じています。街中を見渡すと、近年、マッサージを受けられるお店が急激に増えたと感じている人も多いはず。そして、皆さんの中にもお世話になった経験がある方もいると思います。つまり、セックスや会話に抵抗は覚えるものの、マッサージにはそこまでの抵抗はないということがうかがえます。

　もちろん、会話もなければ、パートナーのカラダにも触れていないという人もいるかもしれませんが、今、こうして本書を読んでいるということは、何か変化を起こしたいという気持ちが少なからずある証拠でもあるので、そんな人はぜひ一歩踏み出す勇気、「マッサージするよ」という声かけをしてみてください。それも難しい場合は、目を見て挨拶するなど日々のコミュニケーションを見直すことから始めてみてください。

「親密さの12段階」

ＬＯＶＥもみ流

イギリスの動物行動学者であるデズモンド・モリス氏が、人間の様々な愛の行為の意味を「ボディタッチ」の視点から分析したものを「ＬＯＶＥもみ流」にアレンジしたものです。

1 目をカラダに

相手のしぐさや表情をよく見て、小さな変化にも気づけるようになりましょう。

2 目を目に

携帯やパソコン、テレビから目を離し、相手の目を見つめ、にっこり微笑みましょう。

3 声を声に

おはようやおやすみの挨拶を大切にして、1日の出来事を話す時間をもちましょう。

4 手を手に

手は最初のスキンシップ。距離が近づきます。手をつなぐはもちろん、腕をくむもOK。

5 腕を肩に

LOVEもみの中にも肩をほぐすことがあります。週末の夜にでもマッサージをしてみましょう。

6 腕を腰に

向かい合って座るだけではなく、時には隣に座って腰をさすったり、手を置いて温めてあげましょう。

7 口を口に

挨拶の軽いキスから愛情たっぷりのキス、不意のキスなど、たくさんのキスをしてみましょう。

8 手を頭に

頭にはたくさんのツボがあります。ポンポンしたり、なでるだけでも十分な癒し効果です。

9 手をカラダに

手でさすることも立派な愛撫。ゆっくりと優しく相手のカラダに触れてみましょう。

10 口を胸に

胸が性感帯という人も多いはず。ここに到達できる関係であれば、具体的なリクエストもOK。

11 手を性器に

前戯での最大の山場。相手への気づかいや思いやりを忘れず、丁寧に優しく触れましょう。

12 性交

ここに至るまでのプロセス11段階で、お互いの気持ちや興奮は最高潮に。存分に愛を深めましょう。

12段階の大切さ

前項でご紹介したように、12の性交までに11の段階があります。お気づきのように、そのどれもに意味があり、重要な役割を持っています。つまり、挿入だけがセックスと思っていたら、それは大きな間違いです。1から12の全てがセックスなのです。と、同時にその全てがコミュニケーションであり、日々の積み重ねが大切になってくるのです。

そこで、本書をお読みの皆さんがどこの段階にいるのか。LOVEもみでは、12段階を大きく3つに分けて、親密度「低」「中」「高」とし、それぞれに沿ったアドバイスを次項よりしておりますので、ぜひ確認してみてください。

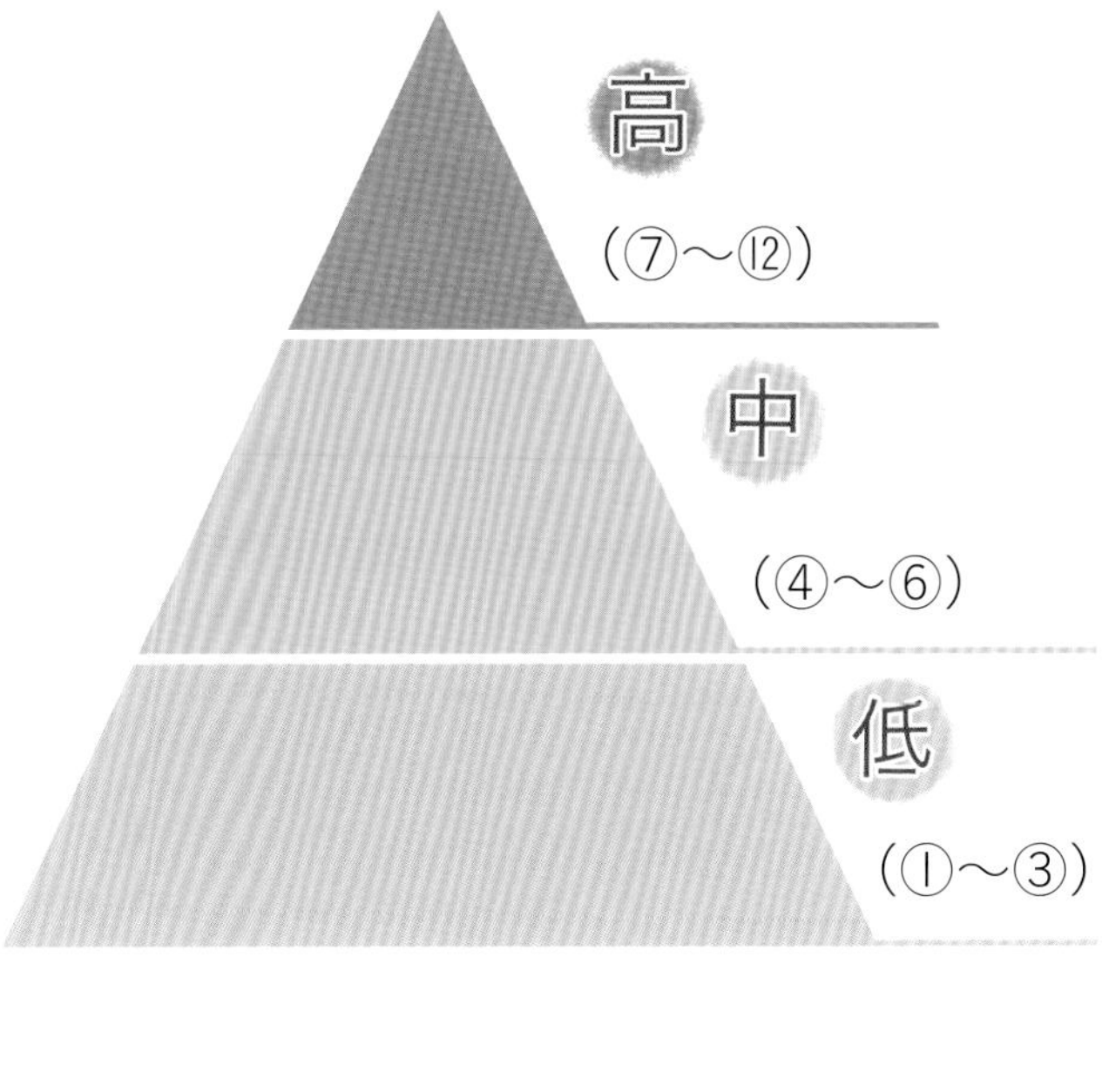
高
（⑦〜⑫）
中
（④〜⑥）
低
（①〜③）

親密度「低」のあなた（①〜③）

日々の会話などはあるけれど、カラダへの接触がない状態。この場合、大きく2種類に分けられ、1つはお付き合いし始めという方。ここから親密さ「高」を目指して、今できていることを大切にし、より深い愛に向けて進んでほしいいです。もう1つが、経年の場合。日々、生活を共にしていることで視界には入る。声は聞こえる。最低限の会話はある…スキンシップレス状態です。

いきなり触れる、セックスするというのはハードルが高いと思われるので、まずは、目を見て話す、挨拶する、ありがとうを伝えるなどの日々のコミュニケーションから改善してみてください。

親密度「中」のあなた（④〜⑥）

会話もあり、手をつなぐなどのカラダへの接触はあるけれど、キスやセックスがない状態。一緒にお出かけしたり、日々楽しいこともあるけれど、どこか物足りない…そんな思いを抱いている人が多いのではないでしょうか。

そんな方にオススメなのが、このLOVEもみです。一日の終わりなどに「マッサージするよ」の声かけをしてみてください。最初は普通のマッサージだけでも良いです。それを重ねていくうちに、感謝の気持ちが芽生え、ギブ&テイクで、今度はお礼のマッサージをしてもらったりというように、焦らず階段を一段ずつ上る感覚でトライしてみてください。

親密度「高」のあなた（⑦〜⑫）

　この段階では、日々のコミュニケーションは取れているので、より満足度の高いセックスを目指しましょう。が、セックス＝挿入ではありません。コミュニケーションに工夫を凝らすことも大切な変化です。例えば、キスも軽いキスや不意のキス、おでこや頭へのキスなどいくつものパターンがあるので試してみてはいかがでしょうか。

　また、この後のＬＯＶＥもみでも紹介していますが、オイルやパウダーを使用したマッサージでひと味違う感覚を味わう、グッズを活用するなどの冒険心を持って、いつもと違うセックスにトライしてみましょう。

幸せホルモン「オキシトシン」とは

オキシトシンは、別名、「愛情ホルモン」「幸せホルモン」「絆ホルモン」などいくつかの呼称があり、未だ解明途中のホルモンではありますが、認められている効果は、どれも興味深いことばかり。

代表的な場面は、母子の関係において。出産時や授乳時などに、その刺激によってオキシトシンが分泌されます。その結果、お母さんは子供への愛情が深くなり、子供もお母さんへの愛情が深くなるという連鎖が生まれるのです。

近年では、その母子の関係以外にも、好きな人と手をつなぐ、キスをするなどによってもオキシトシンは分泌されていることが解明され、愛情ホルモンとも呼ばれるようになってきたのです。オキシトシンの具体的な作用、効果としては、ストレスを感じた時に出るホルモンの分泌を抑えたり、睡眠の質にかかわる副交感神経を優位にしたりなど、私たちの健康と幸福感に大きく作用するホルモンなのです。

では、そのオキシトシンを分泌するための具体的な行動は何か。上記にもある通り、その答えは「スキンシップ」です。ただ、やみくもに触れたり、今までほとんどスキンシップがない状態では分泌されにくいという実験データもあり、相手への信頼や感謝、尊重など日々の積み重ねがあった上でのスキンシップがとても大切なのです。ぜひ、これを機に、パートナーとオキシトシンについて調べて、分泌につながる行動を試してみてはいかがでしょうか。

LOVEもみを始める前に

基本のタッチ3種類

LOVEもみにおいて最も大切な「タッチ（触れ合い）」。下記の3種類をマスターすることで、相手との距離感を縮め、より気持ちを高めることができるでしょう

ソフトランディング

エアーレスタッチ

センシュアルタッチ

IMPORTANT　タッチをする時に大切な4つのこと

- 秒速5cmのゆったりとした速度で行う（オキシトシンの分泌に適した速度）
- 自分の手を温めてから触れる
- 相手への愛と感謝の気持ちを思い出す
- 肌に触れる時、離す時は特に慎重に優しくする

ソフトランディング

触れる時には、パートナーを尊重する気持ちを持ち、
カラダに触れた後は呼吸を重ね、
ふたりの境界線を淡くすることを意識しましょう

肌から2～3cmのところに手をかざし、相手の温もりを感じる

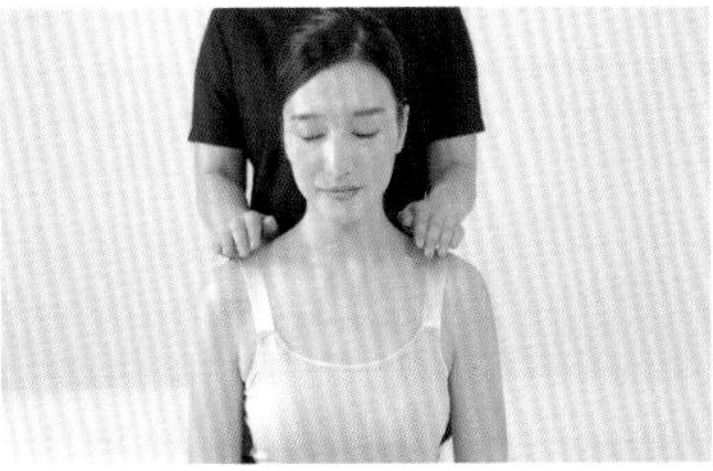

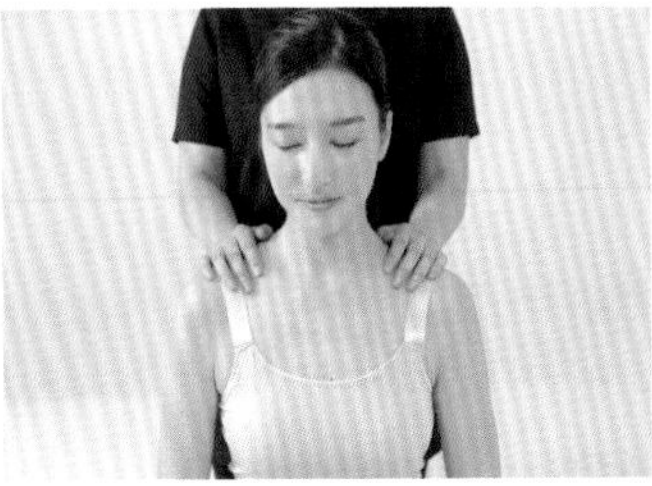

軟着陸（ソフトランディング）するイメージで優しく触れる。
この時、手をすぐに動かさず、相手との一体感を意識する

手から相手の呼吸を感じられるように集中する

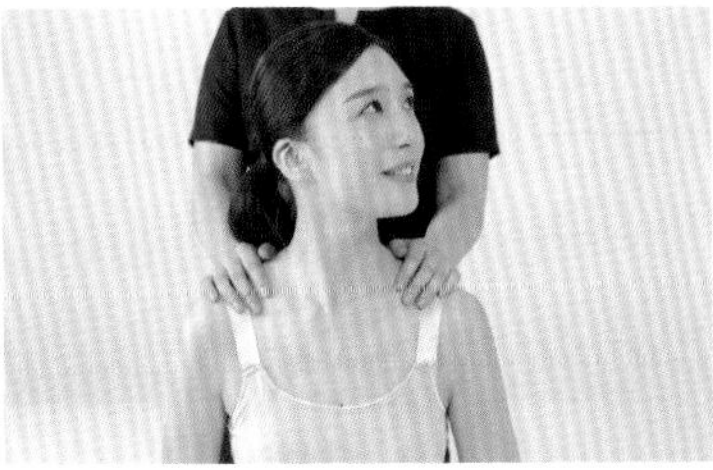

リラックス効果

Basic touch

エアーレスタッチ

快感の入口は、リラックスから。
自分と相手の心とカラダを
なじませることを意識しましょう

肌から2～3cmのところに手をかざし、相手の温もりを感じる

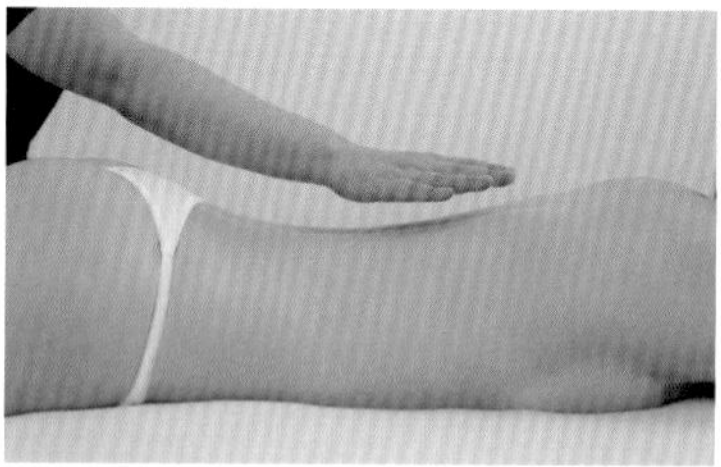

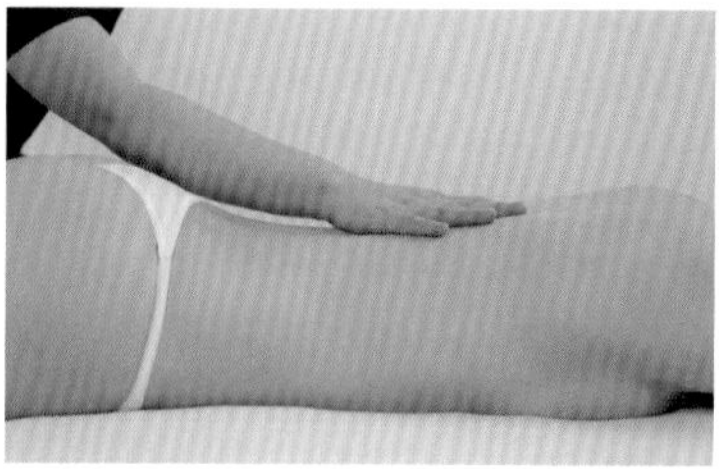

手と肌の間に空気を含ませて、フワッと優しく手を置く

Oxytocin

1秒に5cm

相手の肌から手を離す時も、優しく余韻を残すように心がけましょう

手のひらを肌にピタリと密着させてなでる

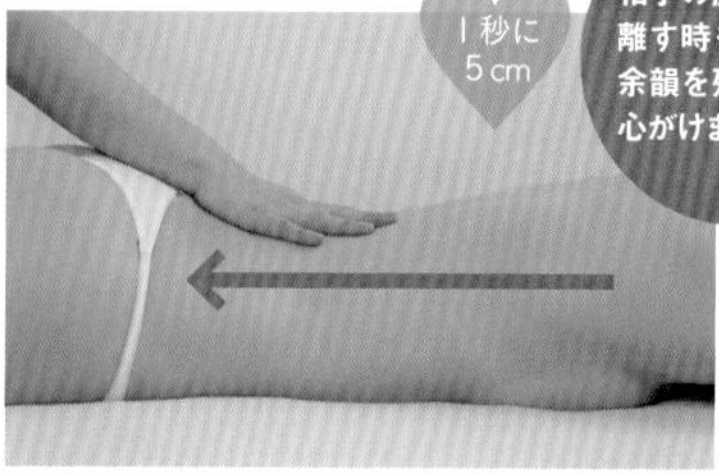

性感を開く

Basic
touch

センシュアルタッチ

「センシュアルタッチ」は、羽根ペンで肌をなぞるような軽やかなタッチ。肌の表面に生えているうぶ毛を指先でそっとなぞるように、ゆっくりと触れていきましょう

肌から2～3cmのところに指のはらをかざし、相手の温もりを感じる

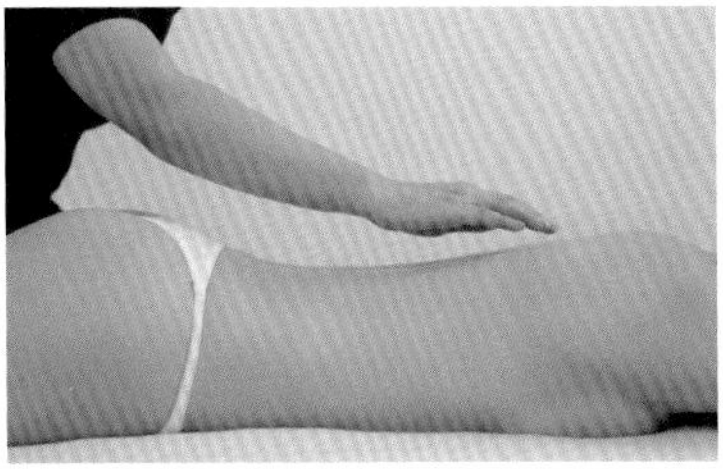

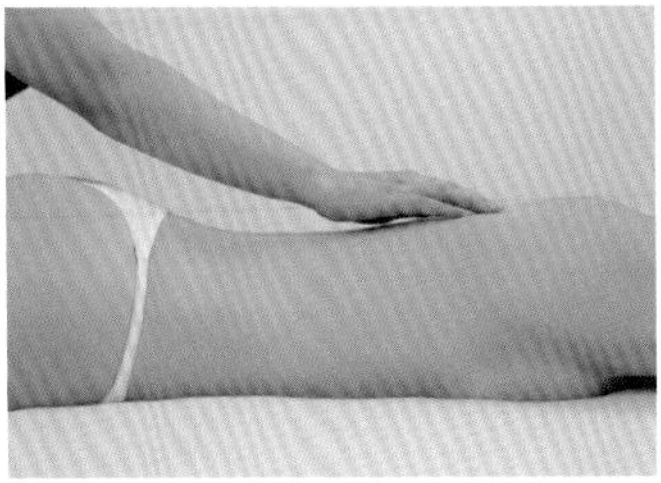

肌に触れるか触れないかの位置に指のはらを優しく置く

肌のうぶ毛をなぞるようにそーっとなでる

Oxytocin

1秒に
5cm

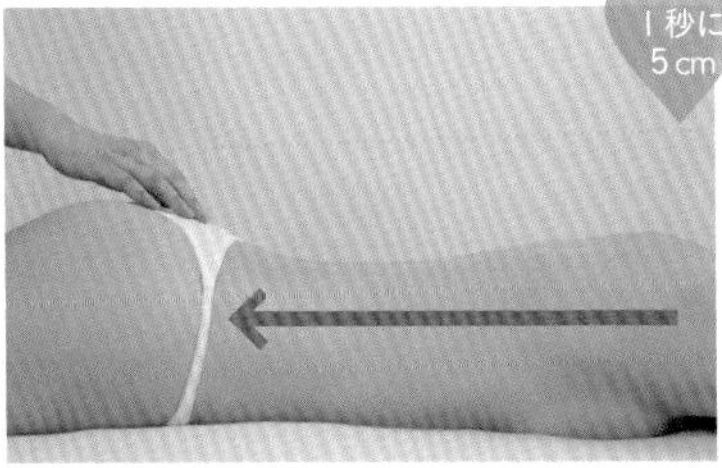

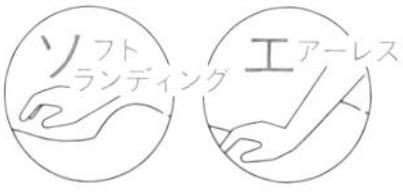

セルフタッチ①

エアーレスタッチの練習を自分の腕で行いましょう。温もりや肌に触れる感覚を意識して行ってください

Step

肩を手のひらで包むようにエアーレスタッチ

POINT
肌が温まるのを感じましょう

Step

そのままひじまでなで下ろす

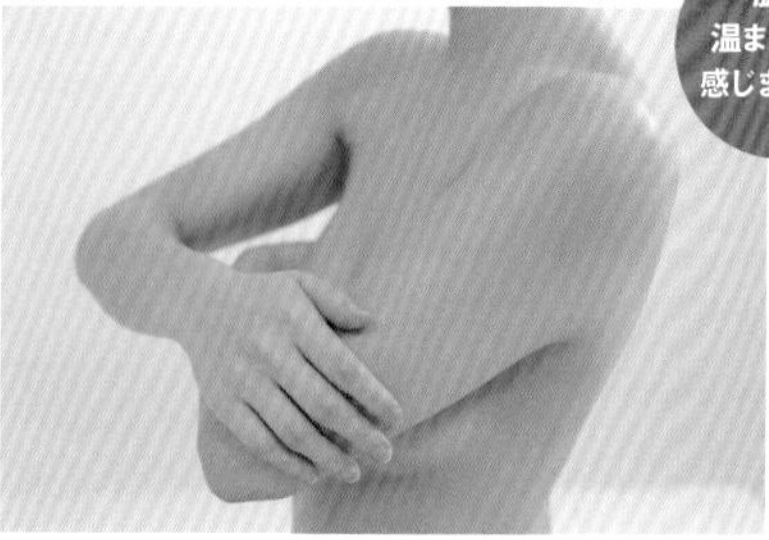

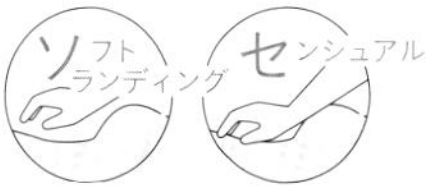

セルフタッチ❷

続いてセンシュアルタッチの練習です。指先に神経を集中し、触れるか触れないかのギリギリの感覚を身につけましょう

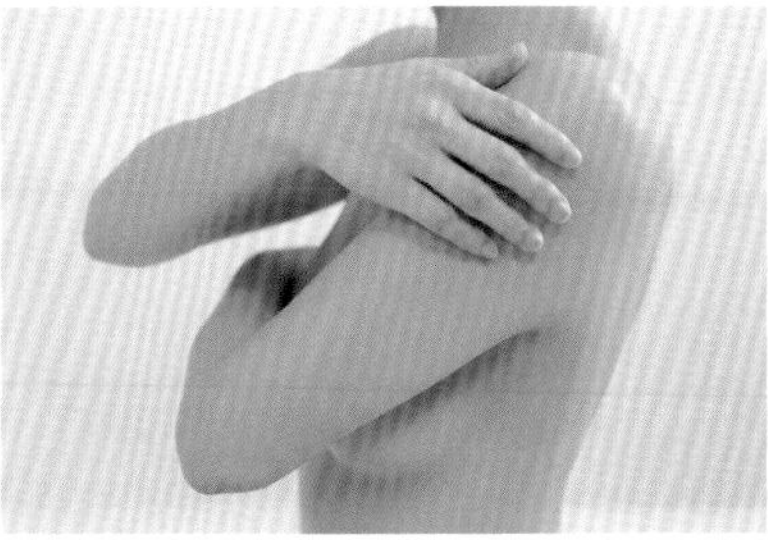

Step

肩に指先でセンシュアルタッチ

Step

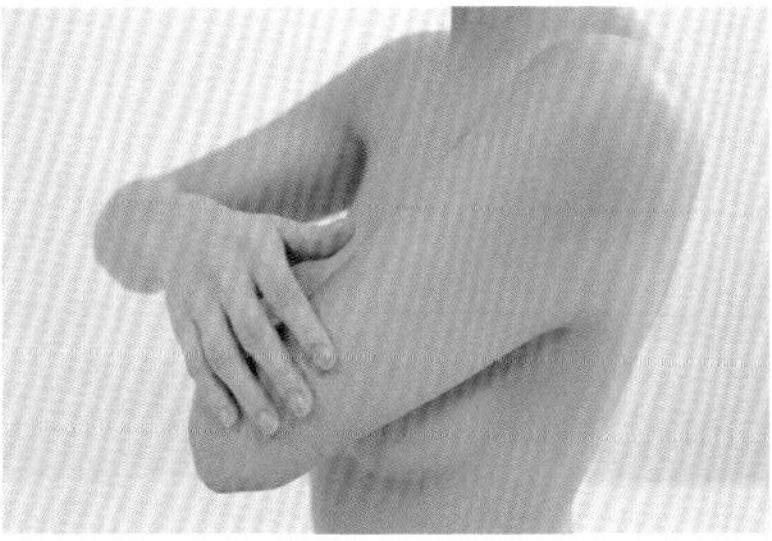

うぶ毛をなぞるようにひじまでなで下ろす

「LOVEもみを始める前の準備」

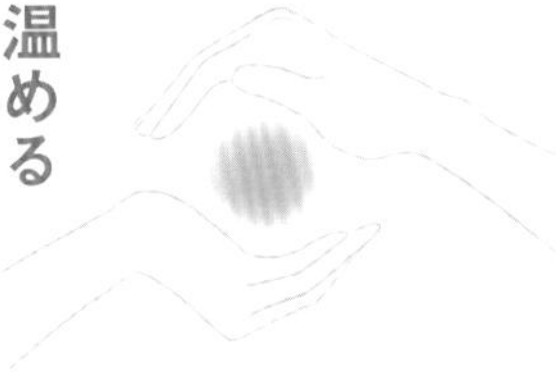

手を温める

人は温かさでホッとします。お湯で手を洗い、爪が伸びていないかの確認も忘れずに。冷えた手で触ると効果半減！

部屋は暗めにする

人によって差はあれど、明るいと恥ずかしい人もいるので、部屋の電気は暗めに設定しましょう

携帯の電源OFF

ドラマでもよく見かけますよね。とっても良い雰囲気のところで携帯が鳴る…。パートナーとの大切な時間の時だけは携帯のことは忘れましょう！

部屋の温度管理

手と同様、部屋の冷えも禁物。冬だけでなく、夏場の冷房にも注意を。体感温度に差がある場合はふたりの適温を見つけましょう

Lesson1

LOVEもみ
ベーシック

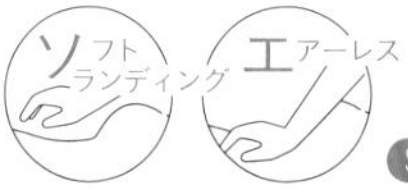

Step3 / 3回

ごあいさつ（肩〜腕）

LOVEもみは、最初と最後の触れ合いをとても大切にしています。感謝の気持ちや愛情を言葉や態度だけではなく、手から伝えることで、お互いに大切にしようという思いが湧いてきます。

Step

「触るね」「始めるね」の挨拶後、肩にソフトランディング

Step

手はいきなり動かさず、しっかりと相手の温もりと呼吸を感じる

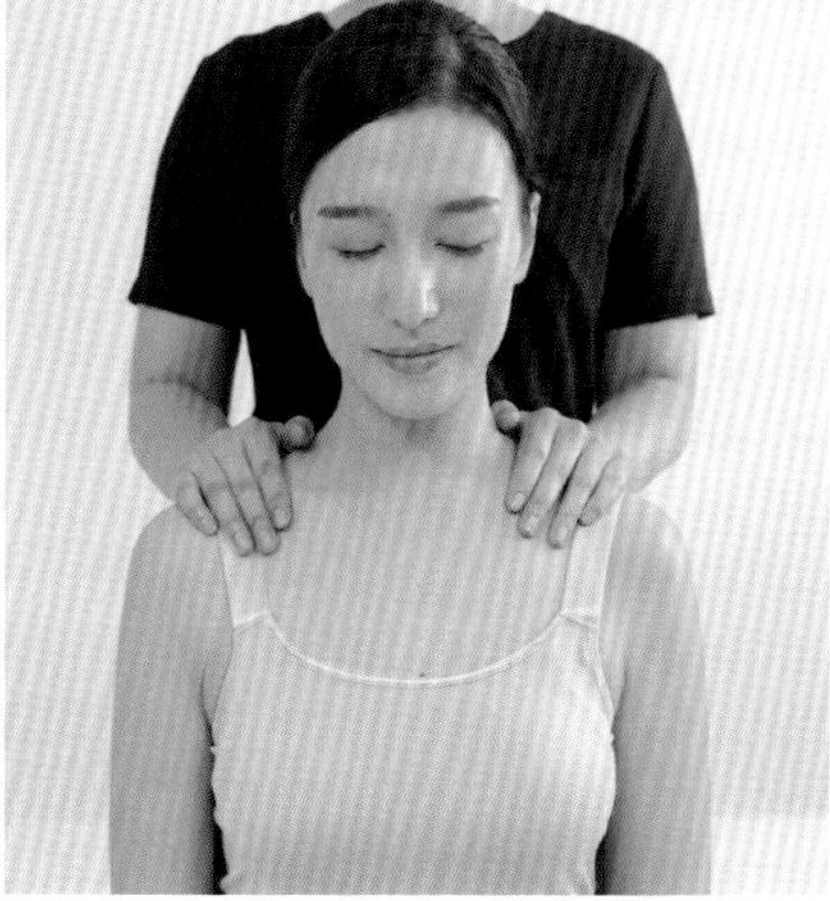

Step

相手の吐く息に合わせて、肩からひじにかけて、優しくなで下ろす

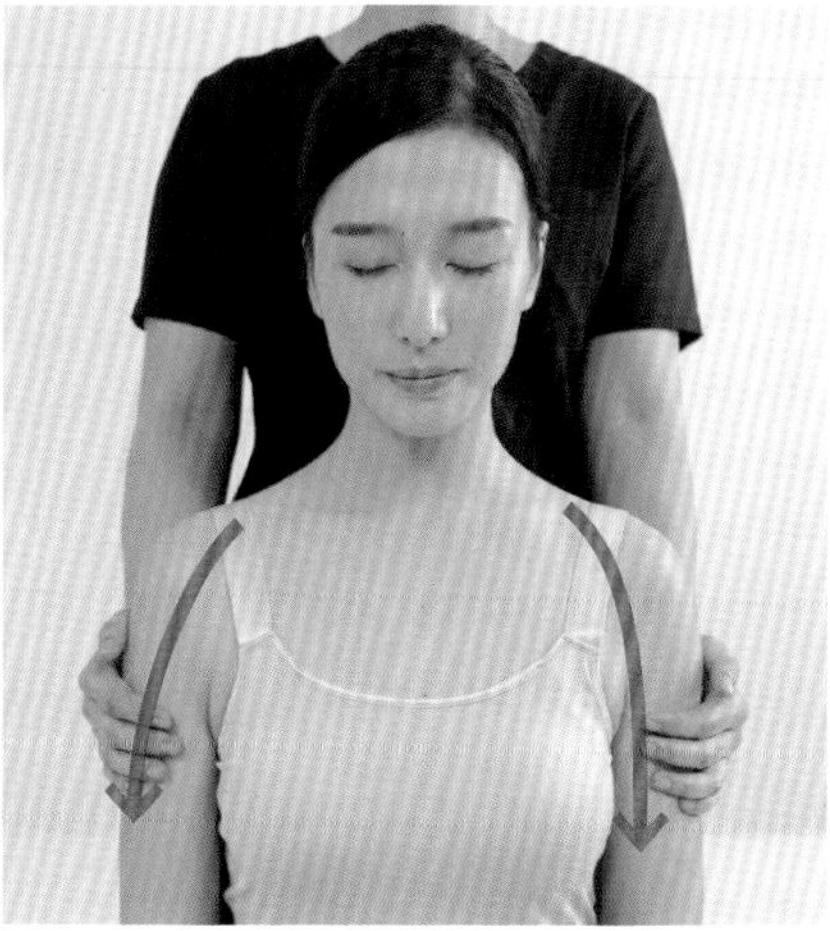

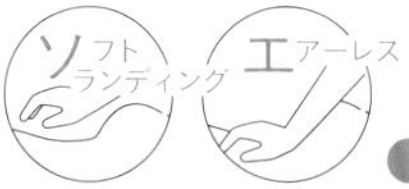

3セット

オープニング

始まりのタッチ。まずはリラックスを意識し、
触れ合う気持ち良さを感じましょう。

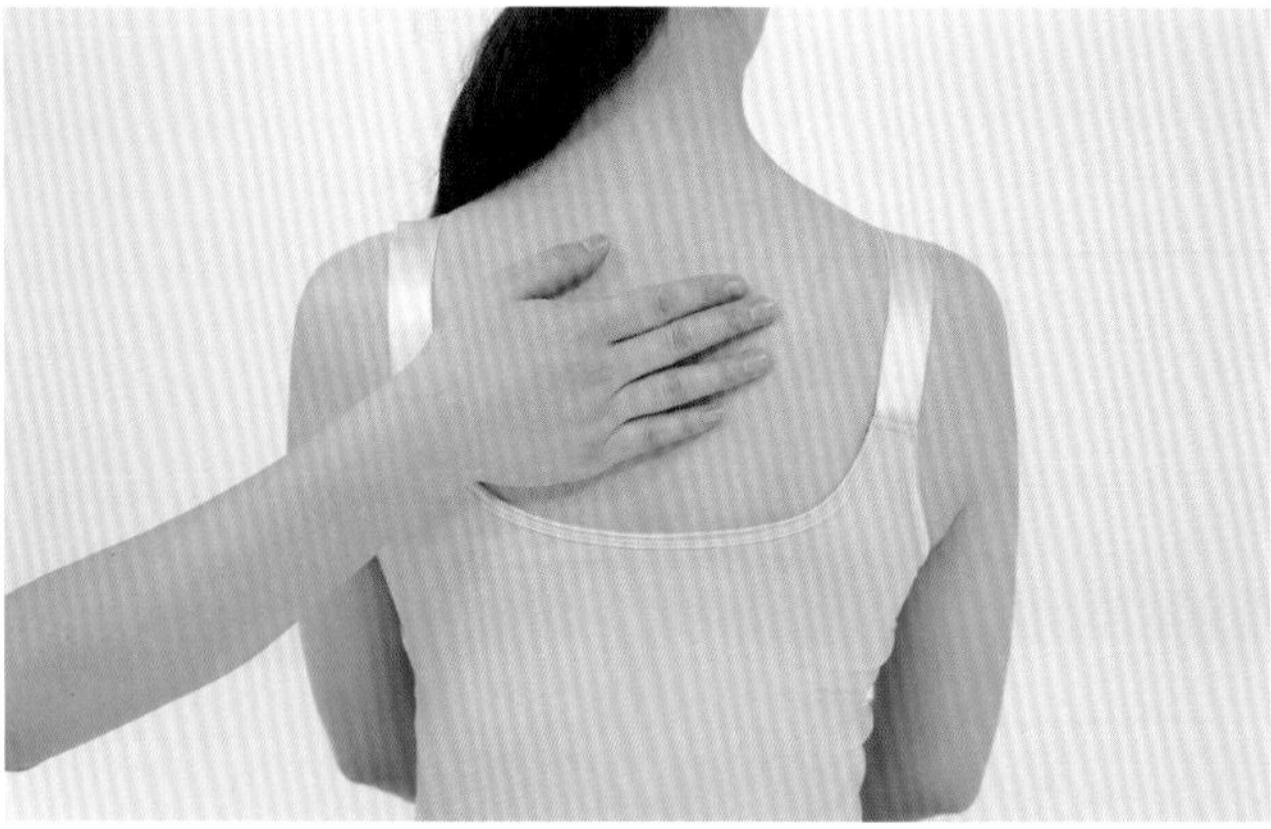

Step　手と肌の間に空気を含ませて、首のつけ根にフワッと優しく手を置く

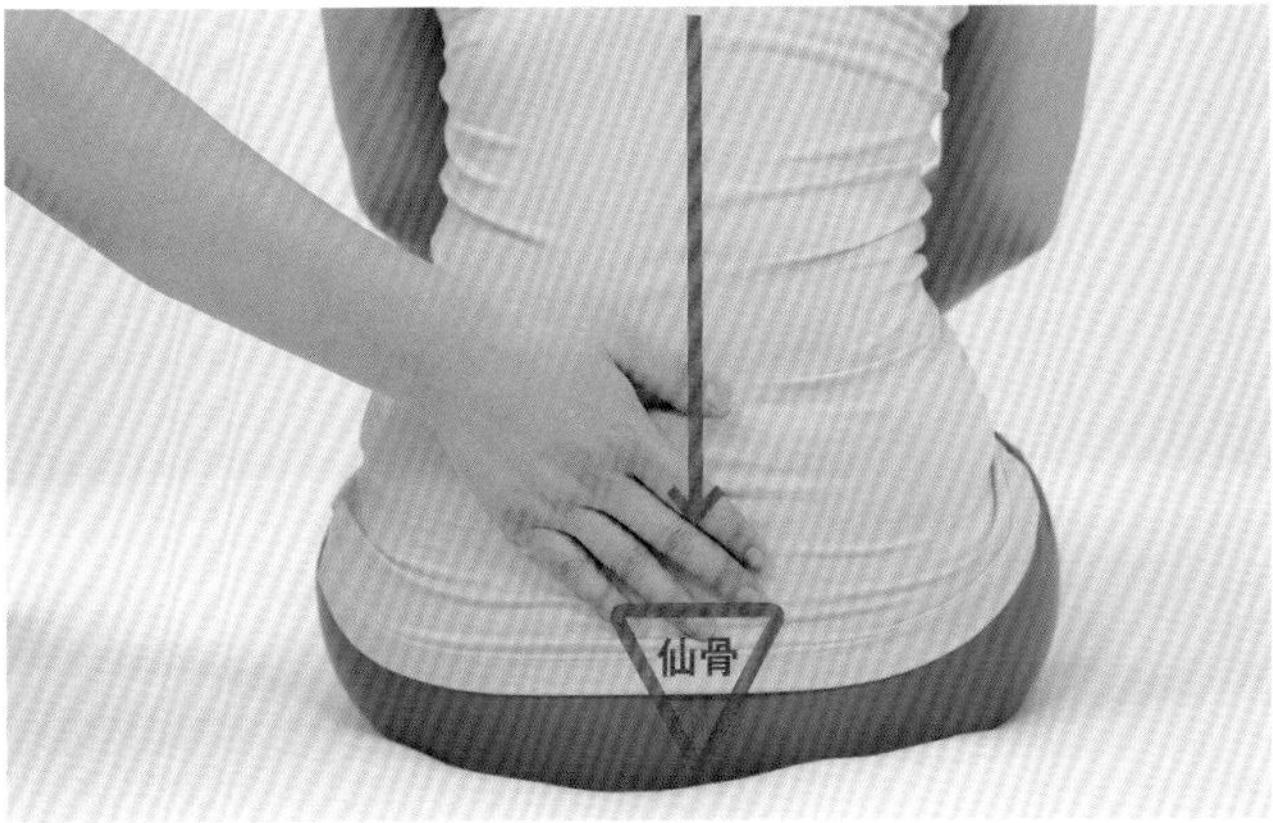

Step

背骨上を仙骨（お尻の割れ目上部にある骨）までなで下ろし、余韻を残すようにそっと手を離す

POINT なでる方向による効果の違い

上から下（白）は気分を落ち着かせる。下から上（赤）は気分を高揚させる

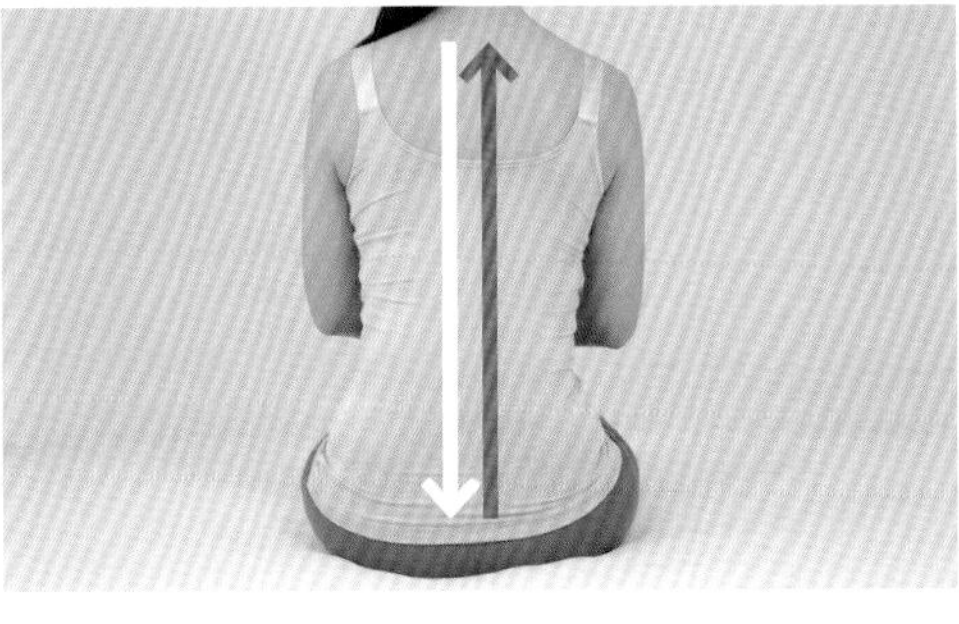

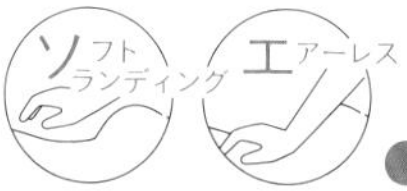

3セット

上半身のスキャニング

相手にうつ伏せで寝てもらい、疲れやコリを手のひらでスキャンして探すようになでます。カラダに添えた手に体重が乗り過ぎないように気をつけましょう。

Step

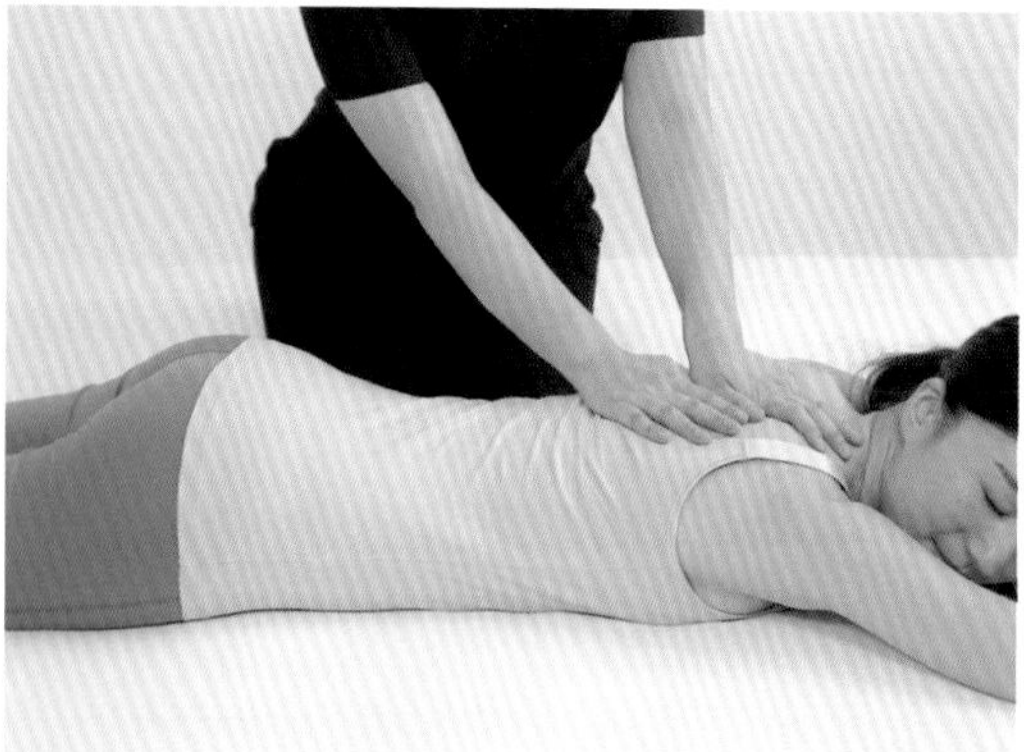

首のつけ根にソフトランディング

Step

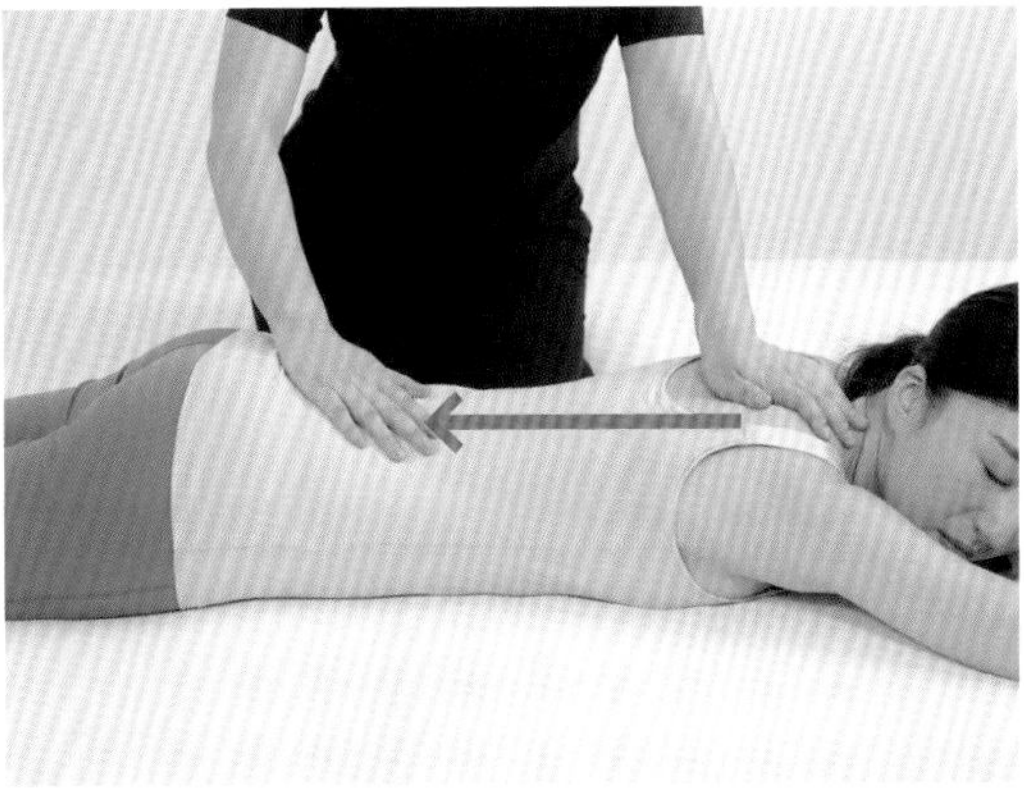

背骨に沿わせて、エアーレスタッチで腰までなでる

Step

POINT
手のひらの
熱で仙骨を
じんわりと
温める

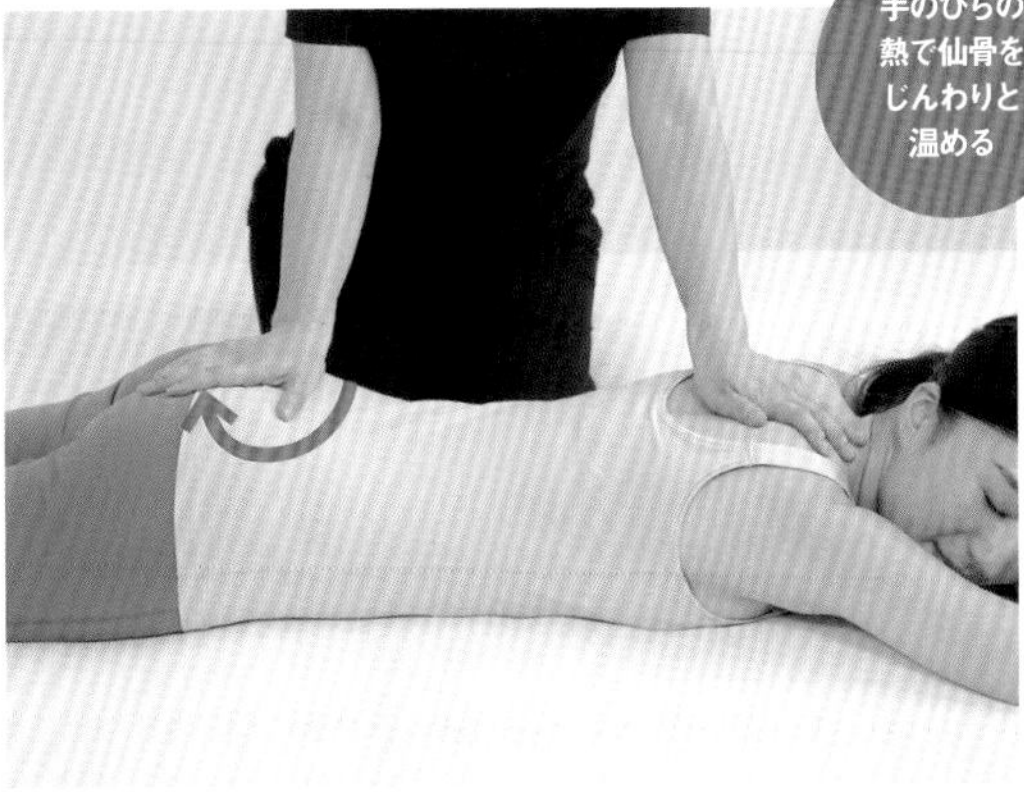

仙骨で手の向きを変え、お尻までなでる

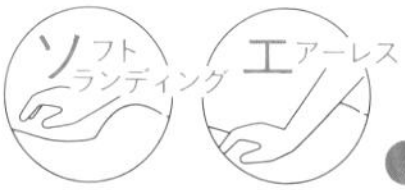

左右3セット

下半身のスキャニング

上半身がリラックスした後は下半身。足先まで丁寧になでることで、相手は「大切にされている」と実感できます。

Step

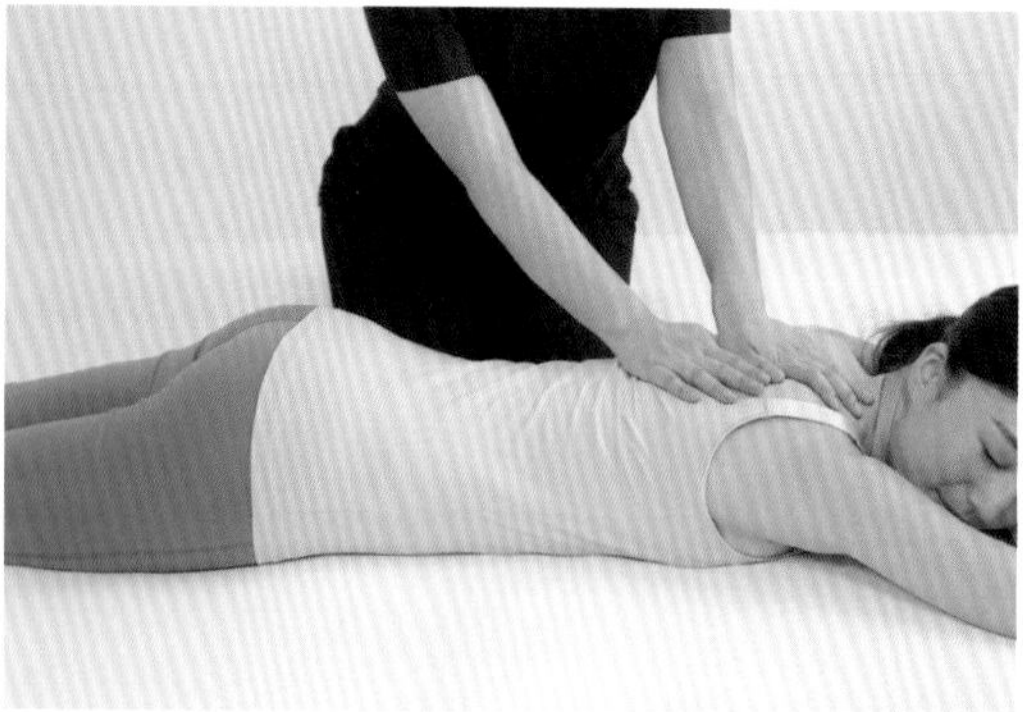

片方の肩にソフトランディング

Step

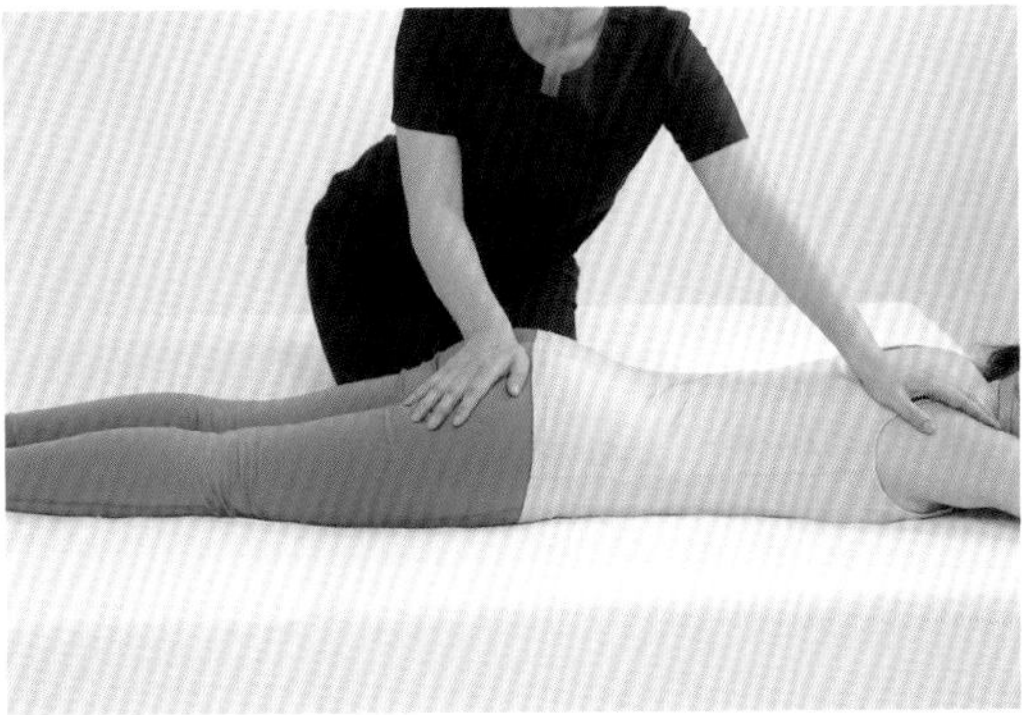

エアーレスタッチで一筆書きのイメージでお尻までなでる

Step

さらに足裏の指先まで手の動きが途切れないようになでる。左右交互に行う

ソフトハグ

全身のスキャニングが完了したら、ハグでふたりのハートを近づけます。優しく包みこむイメージで気持ちを高めましょう。

Step

お互いのカラダの熱気を感じる距離まで近づく

Step

相手を引き寄せ、
ソフトランディン
グするようにカラ
ダの表面を重ねる

Step

さらに密着してハ
グをし、気持ちを
高める

センシュアル

円の動き／3回転

直線の動き／3回

ハグ＆タッチ

ハグをしながら相手の背中にセンシュアルタッチ。相手の息づかいや鳥肌が立つ瞬間など細かな変化を見逃さないようにしましょう。

Step

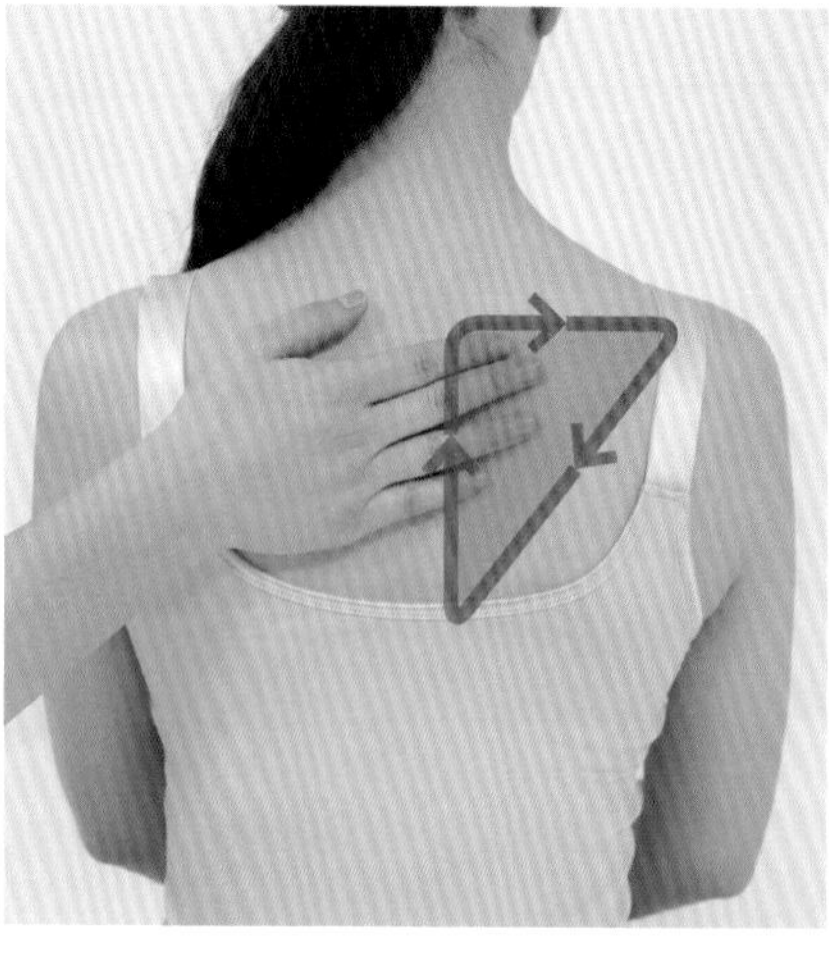

肩甲骨の輪郭を時計まわりにセンシュアルタッチ

Step

腰や仙骨付近をセンシュアルタッチで円を描くようになでたり、仙骨を上下になぞる

POINT 手の動き

左右の肩甲骨の輪郭をなぞるようになでる。ウエストからお尻は円を囲むようになでる。仙骨は上下になぞるとゾクゾクと鳥肌が立つような快感を感じられる

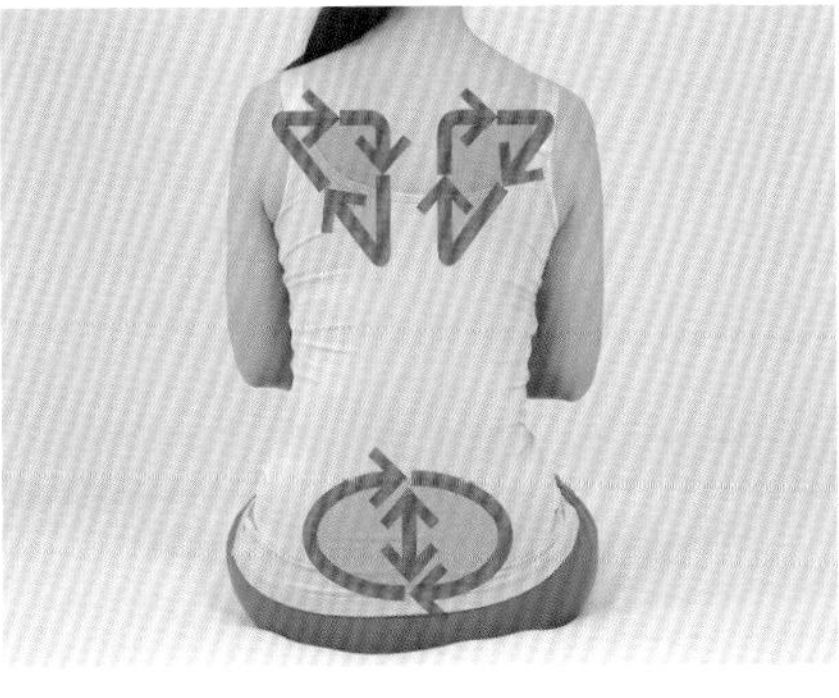

認知症の緩和ケアから学んだ
真のコミュニケーション

皆さんは、「ユマニチュード」という言葉を耳にしたことはありますか。私は、家族が認知症になったのをきっかけに、認知症の緩和ケアを勉強し始めました。そこで、フランス生まれの認知症緩和ケアであるユマニチュードを知りました。

ユマニチュードは、簡単に言うと、人の在り方の原点にかえってコミュニケーションをとる究極のやさしさの技法です。ユマニチュードの基本のコミュニケーションは、「見る」「話しかける」「触れる」の３ステップ。

「見る」相手の視野に入り、同じ目の高さで、親しみをこめた視線を送る。

「話しかける」実況中継するように、ゆっくりと声がけをする。

「触れる」優しく声をかけながら、そっと触れる。

どのステップにも深い意味と理由が存在し、人の尊厳に配慮して接することの大切さを学びました。

ユマニチュードで提唱されていることは『LOVE もみ』にも通ずるものがあります。赤ちゃんや愛する人との時間、病気の人をお見舞いする時を思い出してみてください。優しさや愛おしさ、また、相手を気遣う気持ちを抱き、穏やかな口調で目を見ながら触れていませんか。「見る」「話しかける」「触れる」。この当たり前のような行動をつい疎かにしてしまう時もあるかもしれませんが、相手の尊厳に配慮し、目を見て話しかけ触れることこそが、真のコミュニケーションであると私は考えます。

自分がコミュニケーションの心構えを変えるだけで、魔法をかけたかのように、相手の態度もやわらかく変わります。

Lesson2

LOVEもみ
もみほぐし

LOVEもみもみほぐしを
始める前の
準備

タオル

このもみほぐしでは、ＬＯＶＥもみを受ける人がリラックスできるように、そして冷えないようにカラダを覆う大判のバスタオル（タオルケットでも可）や、仰向けでヘッドマッサージを行う時に目隠し用に使用するタオルなど、大きさの違うタオルを用意してください

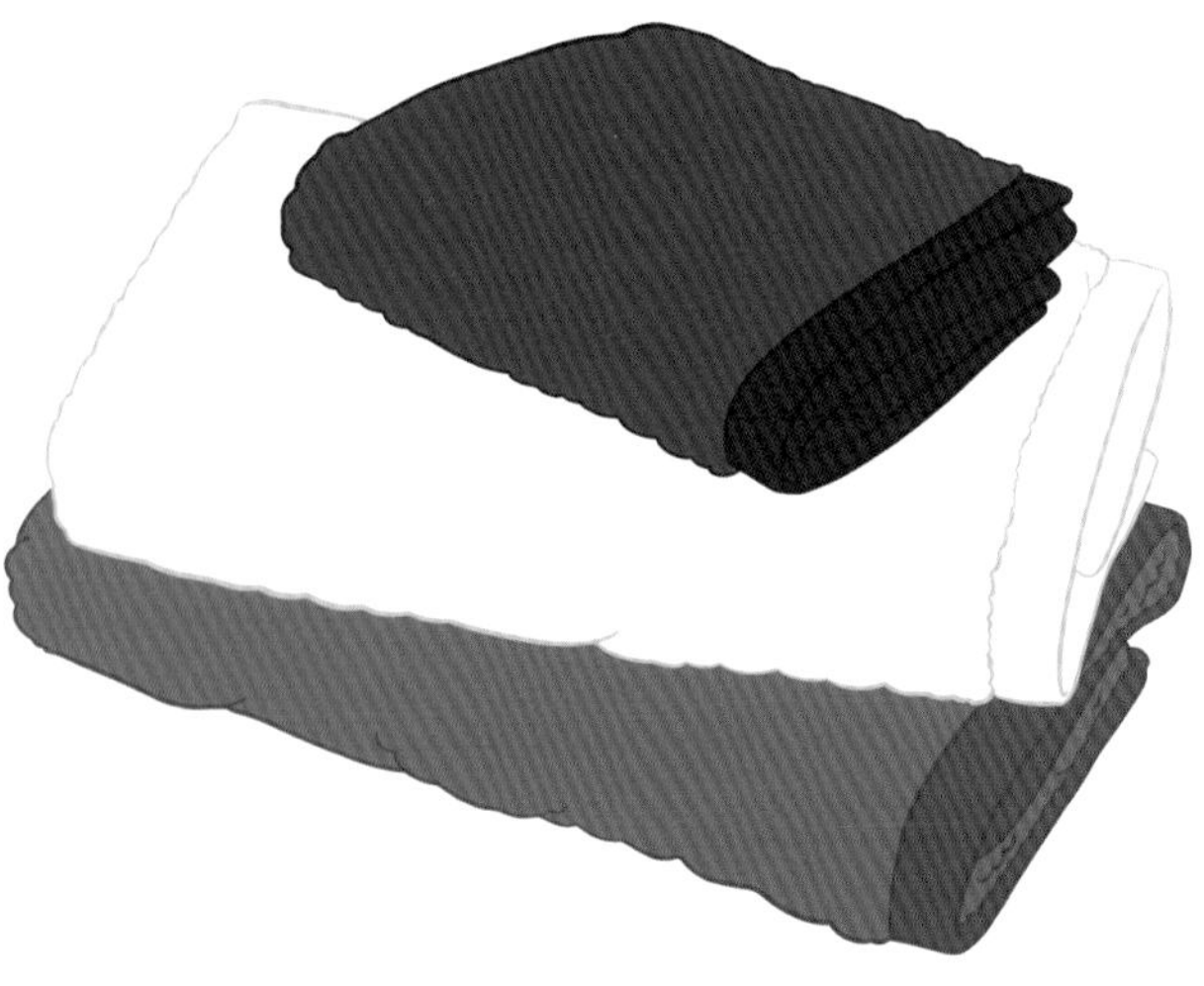

アロマヘッドスプレー

用意するもの

・イランイラン精油 2滴
・クラリセージ精油 2滴
・ローズマリー精油 2滴
・グリセリン 5ml
・精製水 45ml
・スプレーボトル50ml

作り方

①スプレーボトルにグリセリンを小さじ1杯（5ml）を入れ、精油を2滴ずつ加えて混ぜます。精製水を45ml加え、よく振って混ぜれば完成。
②頭皮にシュッとスプレーしてヘッドマッサージします。

※精油は人工香料ではなく天然の精油（エッセンシャルオイル）を使います。

ヘッドマッサージでは、アロマヘッドスプレーを使うことをオススメします。お好きな香りで、よりリラックスすることが目的の1つとなります。

また、近年では、ご自身で作られる方も増え簡単に作れます。髪に良い精油を入れたり、頭皮ケア効果のある精油を入れたりすることで、ヘアケアにもつながることが目的の2つ目となります。

上記にオススメスプレーのレシピを載せておきますので、これで試してみるのもOK!

ひざ枕ヘッドマッサージ

ひざ枕

ひざ枕は癒し効果抜群。気持ちも安らぎます。首を痛めないように、足を横に流すなど良い高さを見つける会話から楽しみましょう

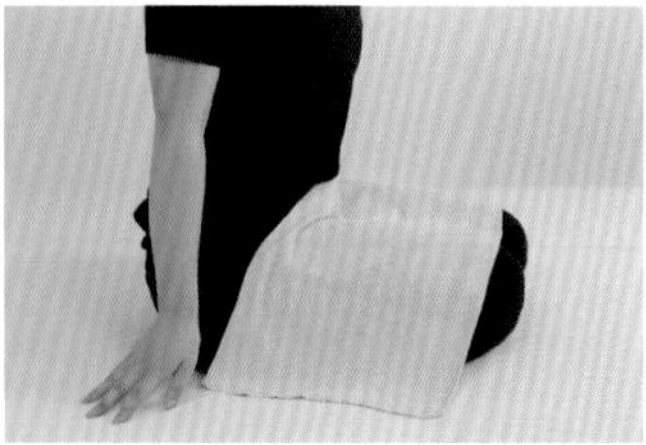

Step

ひざ枕の体勢になる。相手の毛質や髪の長さによっては毛がチクチクしたりすることもあるので、写真のようにタオルを敷くのもOK

Step

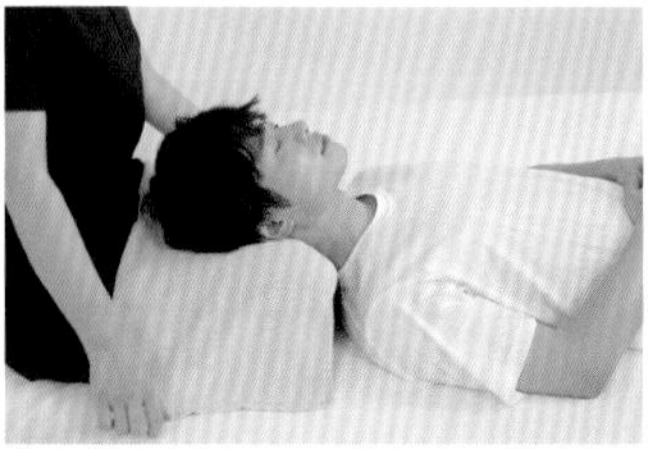

相手の頭をのせる

リラックスしてもらうためにもタオルで目隠しをするとよりGOOD!!

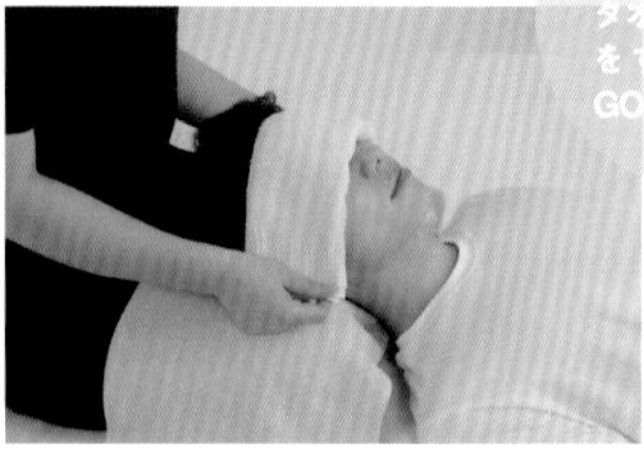

ソフトランディング　3セット　ひざ枕ヘッドマッサージ

キャベツ包み・ナデナデ

デジタル機器が日常にある現代人は、頭に気が上がりっぱなしの状態。イライラしたり考えごとが多いので頭を緩めてあげましょう

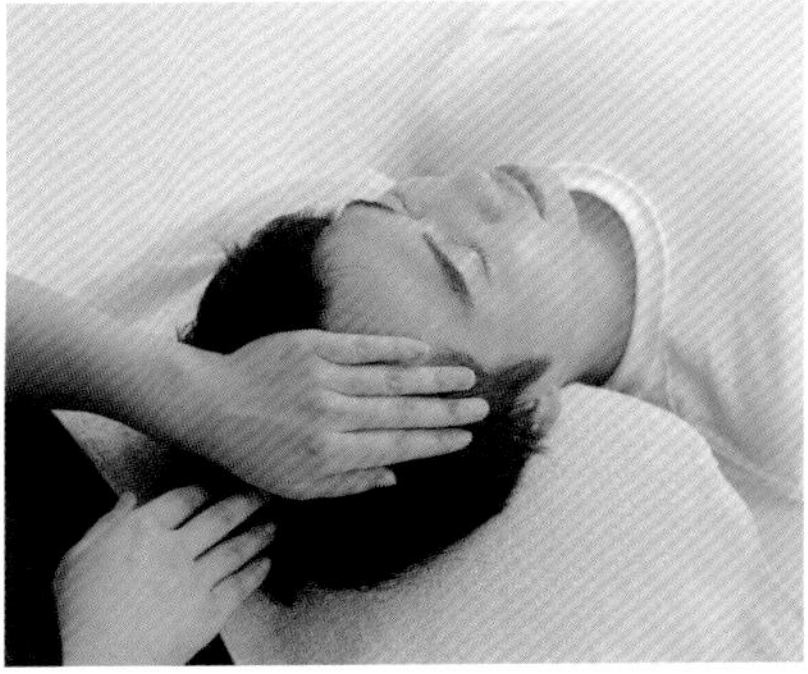

Step　生え際に手のひらをふんわり置く

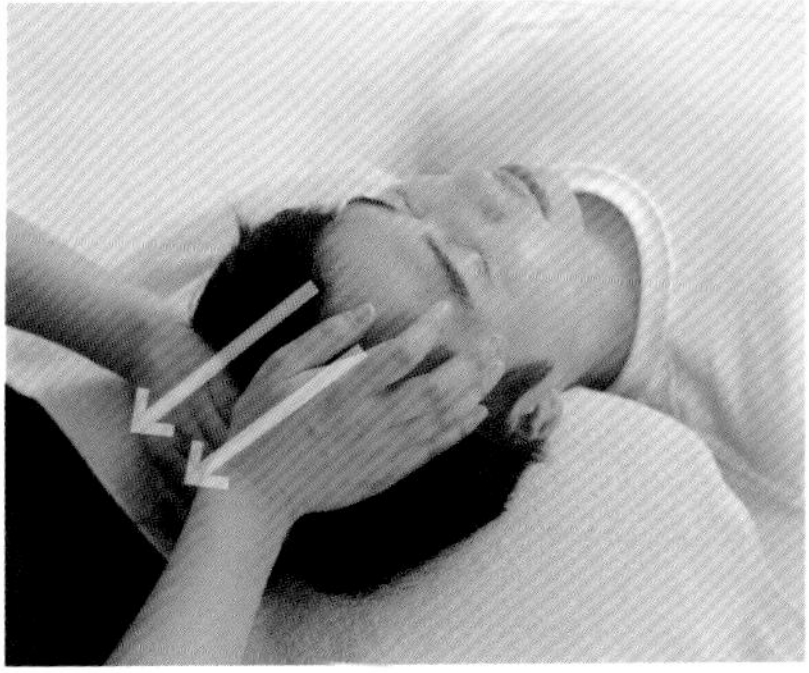

Step　生え際から頭頂部まで、手のひらで左右交互になで上げる

3セット　ひざ枕ヘッドマッサージ

ハープ弾き

指のはらで頭皮をやや強めに刺激することで、爽快感を与え、リンパの流れが良くなり顔のむくみもスッキリします

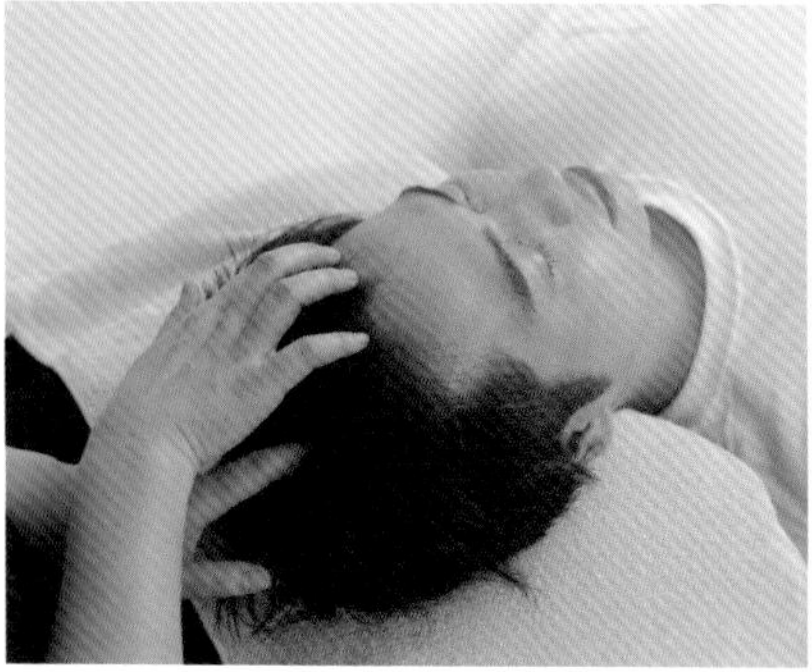

Step　手を熊手の形にし、生え際に指のはらを置く

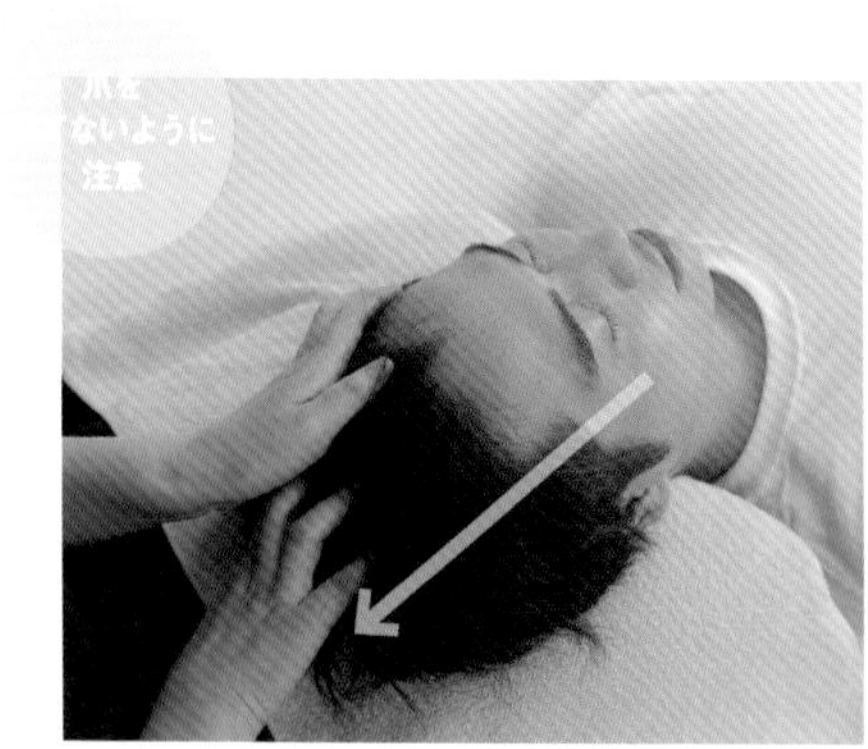

Step　指のはらを頭皮に密着させ、毛先に向かって手ぐしで髪をかき上げる

3セット　ひざ枕ヘッドマッサージ

親指プッシュ（直線）

ここまでで頭はかなりスッキリし始めています。よりスッキリさせるために、次は親指の指圧で痛気持ち良い刺激をあたえましょう

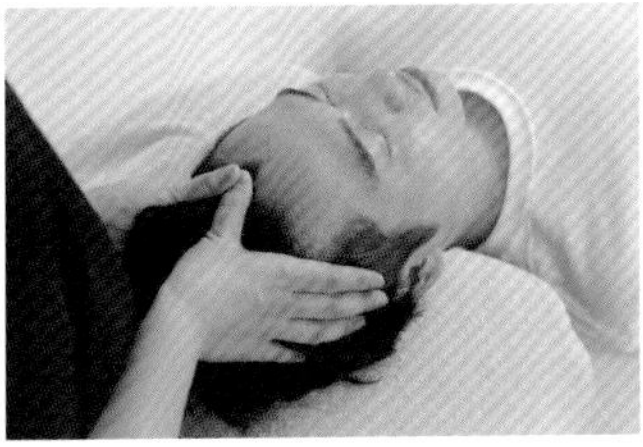

Step

両手の親指を重ね、生え際に置く

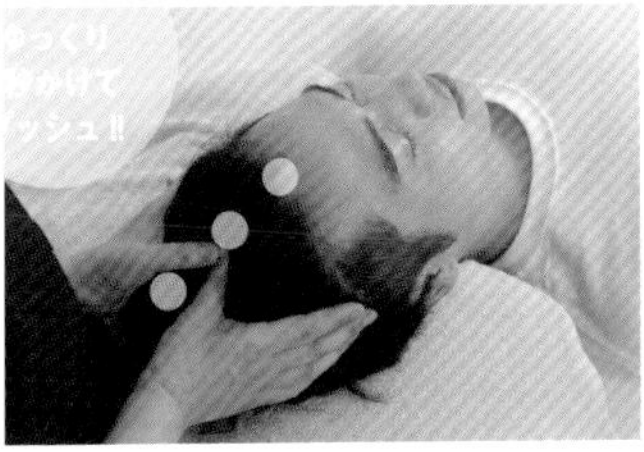

Step

生え際から頭頂部にかけて、１cm程度ずらしながらやや強めにプッシュしていく

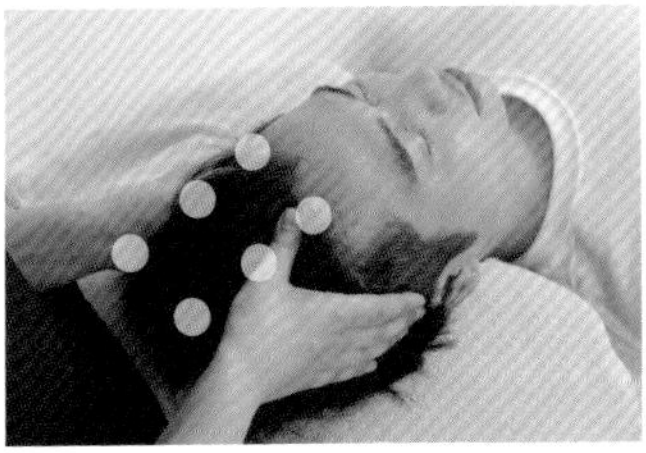

Step

センターラインの次は、親指を離しサイドラインで同様の動きを繰り返す

親指プッシュ（のの字）

次は「のの字」。指圧でほぐれた頭皮を、今度はのの字を書くように動かし、頭皮全体をほぐしていきましょう

Step　頭のてっぺんに親指を重ねて置く

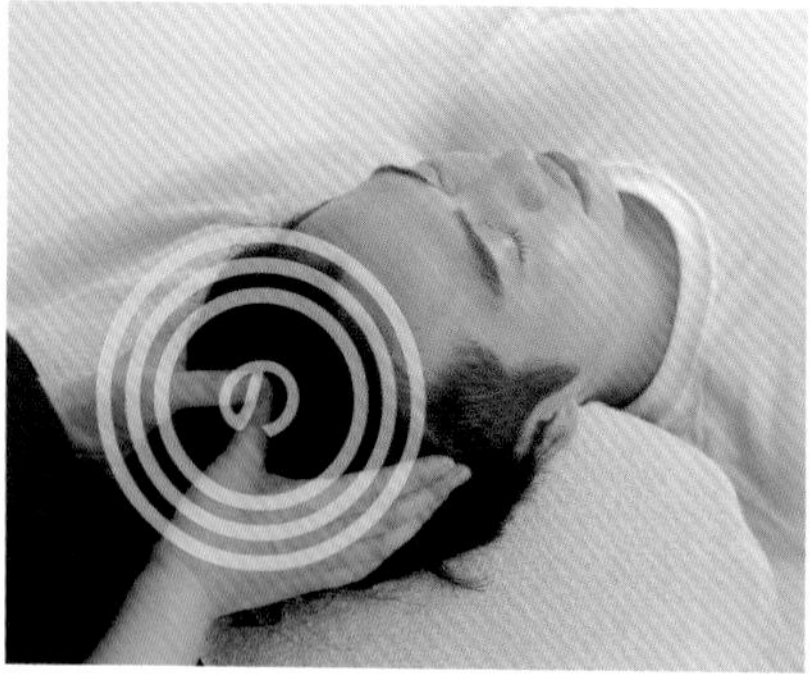

Step　のの字をイメージし、その動きを徐々に大きくし、頭全体をほぐす

3セット ひざ枕ヘッドマッサージ

こめかみほぐし

パソコンや携帯で現代人は目がお疲れ気味。こめかみほぐしは、眼精疲労の他にもリフトアップの効果も期待できます

Step

人差し指、中指、薬指をこめかみに置き、３回前回りにほぐす

Step

斜め後方に引き上げて３秒キープ

3セット ひざ枕ヘッドマッサージ

耳もみ

「全身の縮図」と言われる耳。ひざ枕ヘッドマッサージの仕上げに、多くのツボがある耳を念入りにほぐしてあげましょう

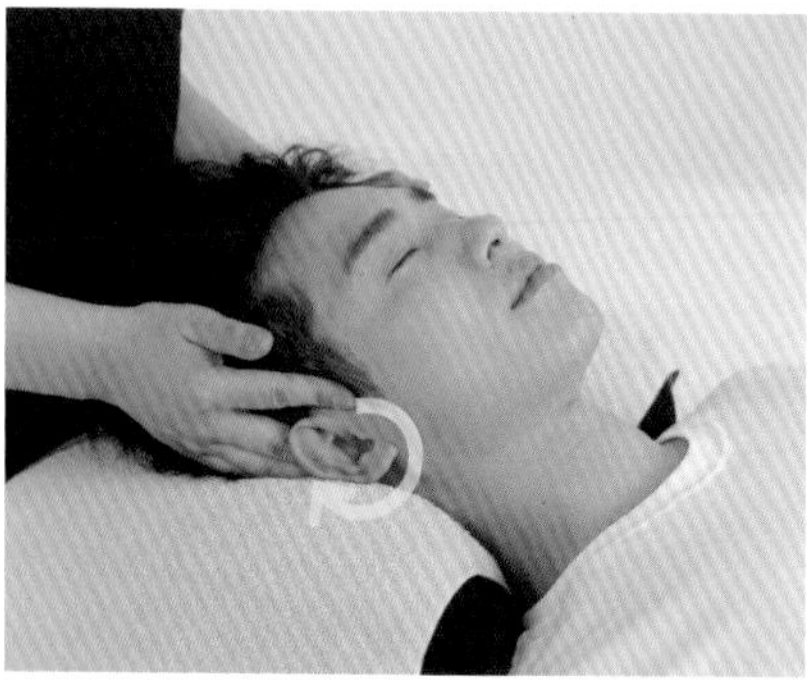

Step
人差し指を前側、中指を後ろ側に置き、耳のまわりをもみほぐす

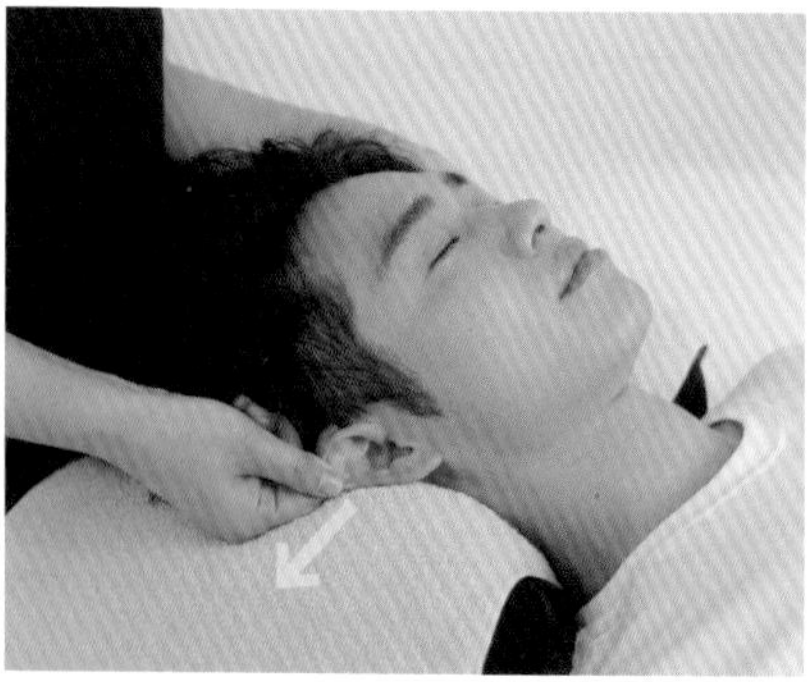

Step
耳を親指と人差し指ではさみ、耳の外側にもみながら広げる

3セット 後ろ抱っこ肩もみ

L字ほぐし

LOVEもみは「イチャイチャしながらすること！」。このL字ほぐしは、会話をしながら、時に後ろから抱きつくと◎

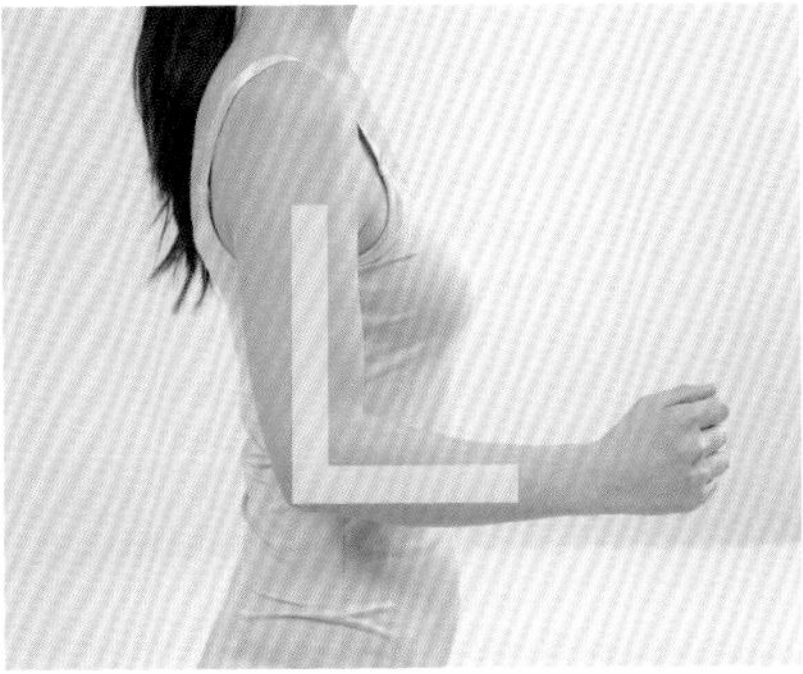

Step ひじを直角に曲げ、腕をL字にする

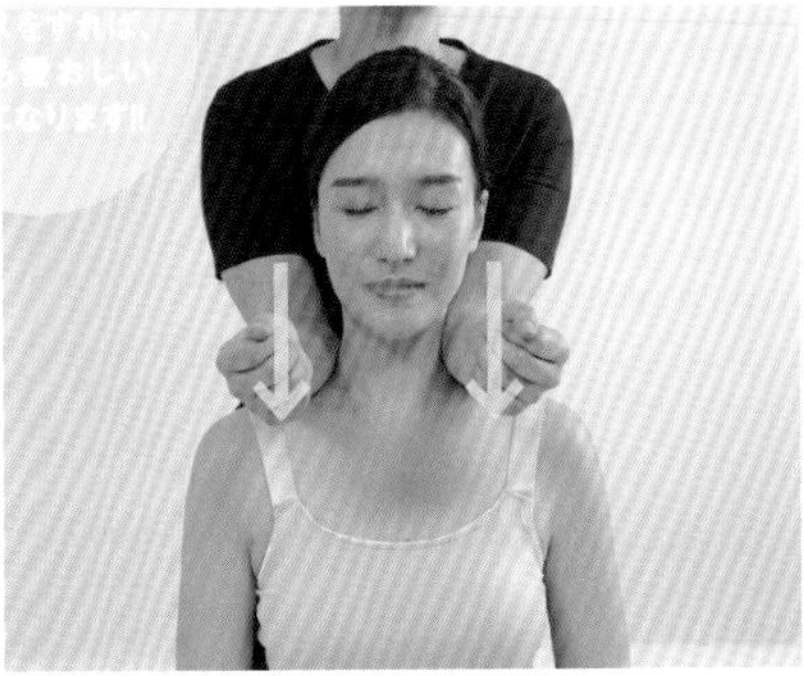

Step 相手の首元にL字を置き、ゆっくりと下に向けて３秒体重をかける

3セット　後ろ抱っこ肩もみ

親指ウォーク

コリを感じやすい肩まわり。人によって気持ちの良い力加減が違うので、確認しながらちょうど良い強さを見つけましょう

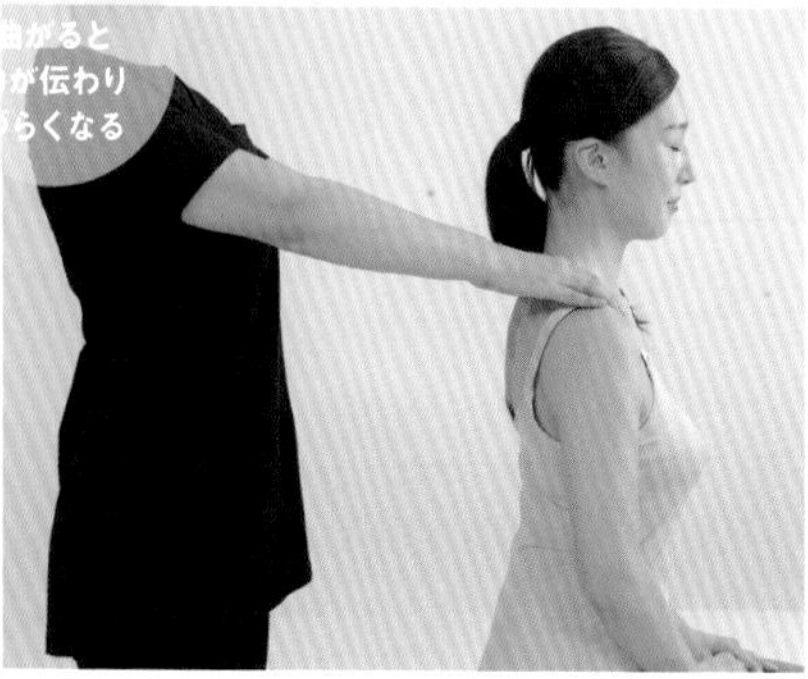

Step　ひじを曲げず、腕を伸ばし親指を首のつけ根に置く

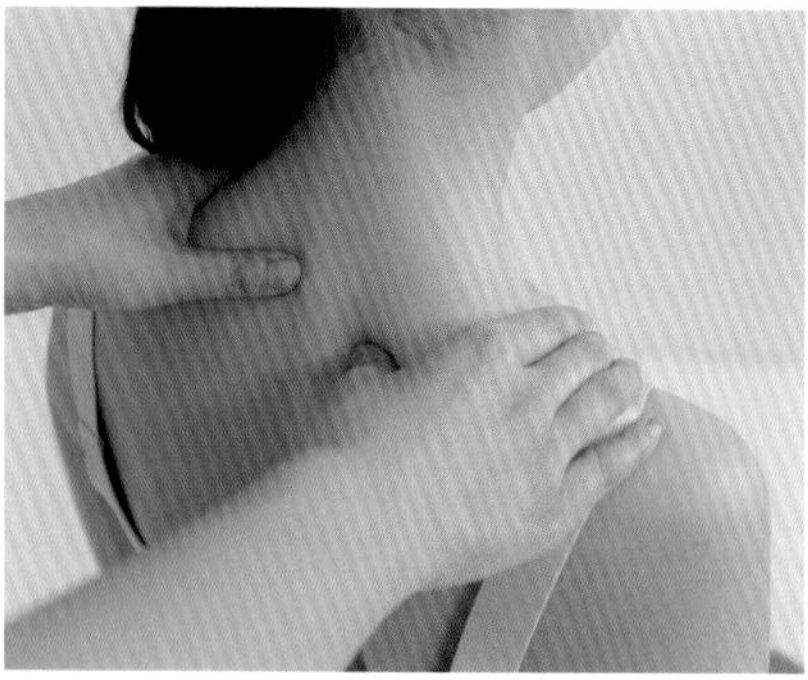

Step　親指を左右交互にしっかりと３秒かけて押し込んでいく

ソフトランディング　3セット　後ろ抱っこ肩もみ

サンドイッチほぐし

パソコン作業で猫背になって縮こまっている胸をほぐし開きます。胸を開くことで呼吸が深くなり、リラックス効果が高まります

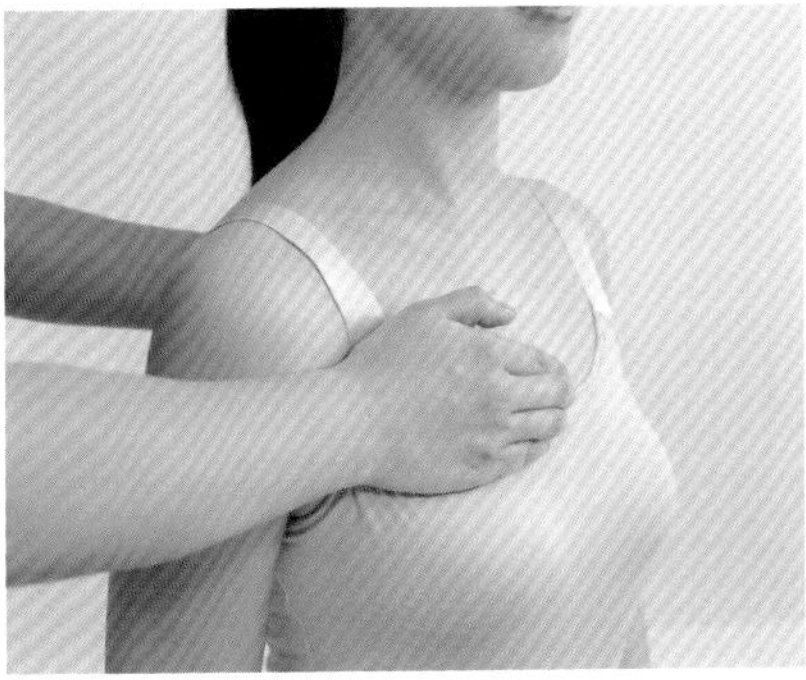

Step

鎖骨の下にソフトランディング。反対側の手は肩甲骨付近でカラダを支える

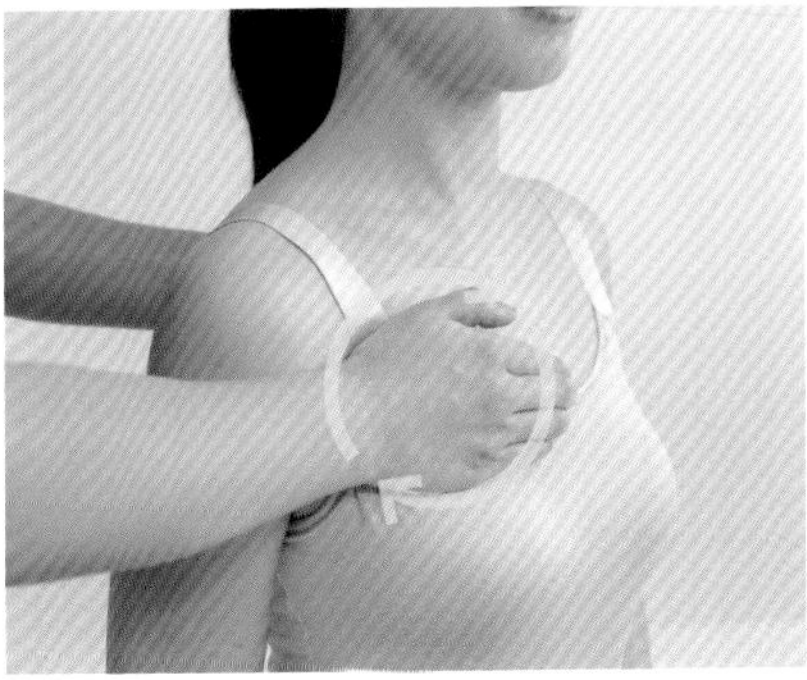

Step

鎖骨の下から胸の上半分を円を描くイメージで胸筋をほぐす

Step2／3セット　後ろ抱っこ肩もみ

二の腕はさみ

パソコン作業や荷物を持ったりで疲れが溜まりやすい二の腕。相手にしてもらうことで、スッキリ感と相手の優しさを感じられます

Step　指を絡ませて、二の腕が入る隙間をつくる

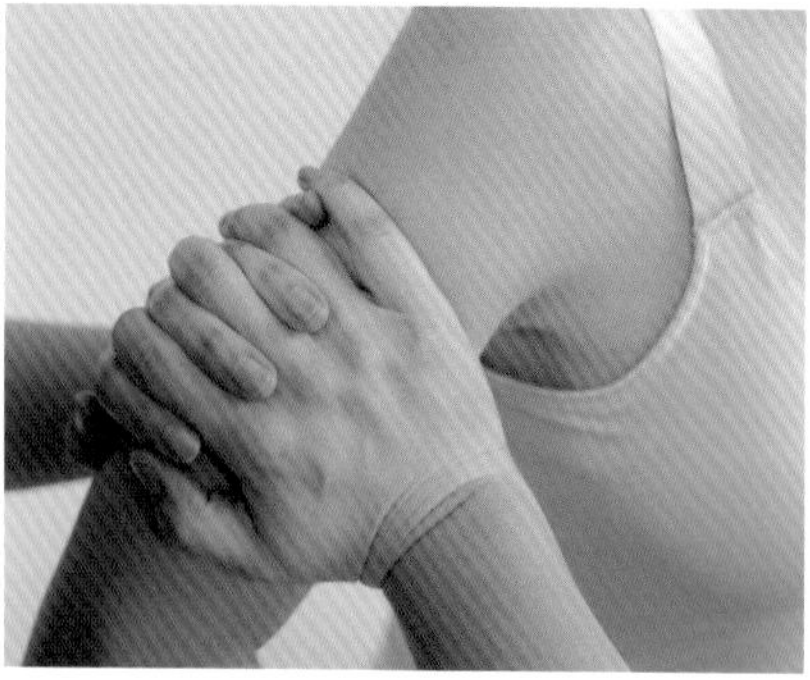

Step　二の腕をはさみ、３秒かけてじっくり押し込み、そして緩める

ソフトランディング　3セット　下半身エナジーチャージ

骨盤ゆらし

「ゆらす」動きはカラダの緊張を解きほぐします。カラダが緩み全体がゆれてくるのがリラックスのサインです

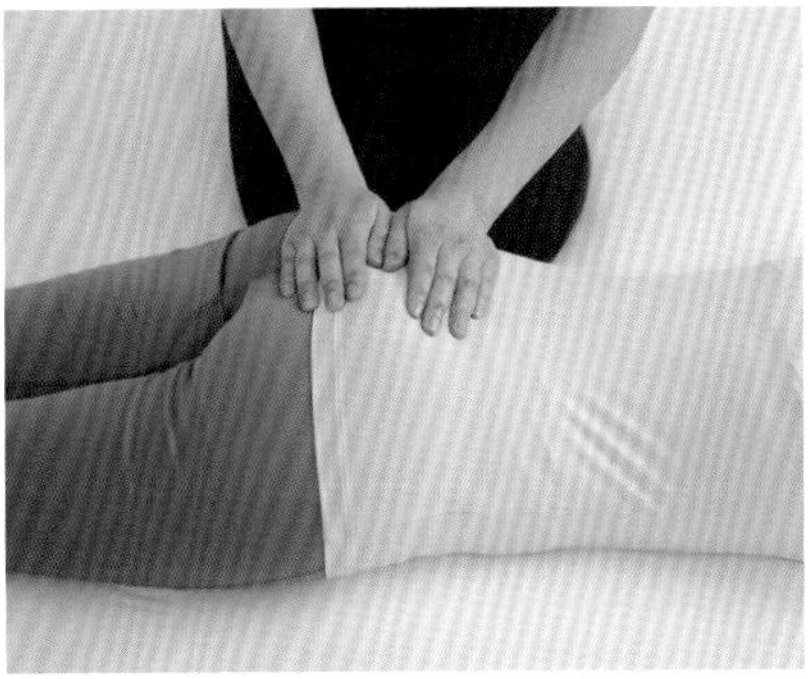

Step
仙骨にソフトランディング

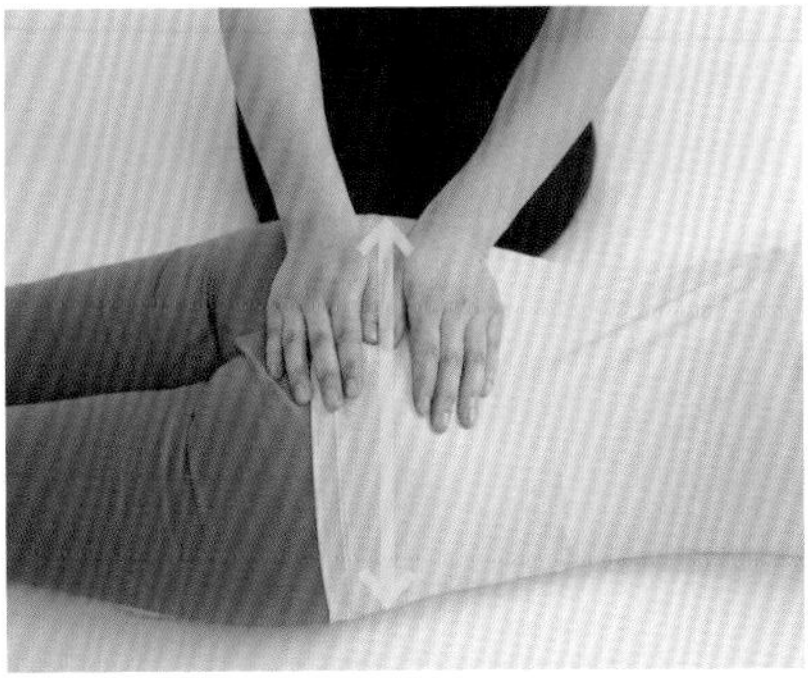

Step
寝ている人を起こすイメージで前後にゴロゴロゆらす

ソフトランディング Step2/3セット 下半身エナジーチャージ

腰もみ

骨盤ゆらしで腰はかなり緩んでいるので、しっかり密着して腰をもみほぐせば、じんわり温まり、腰まわりが軽やかになります

「座るね！」の声かけを忘れずに！

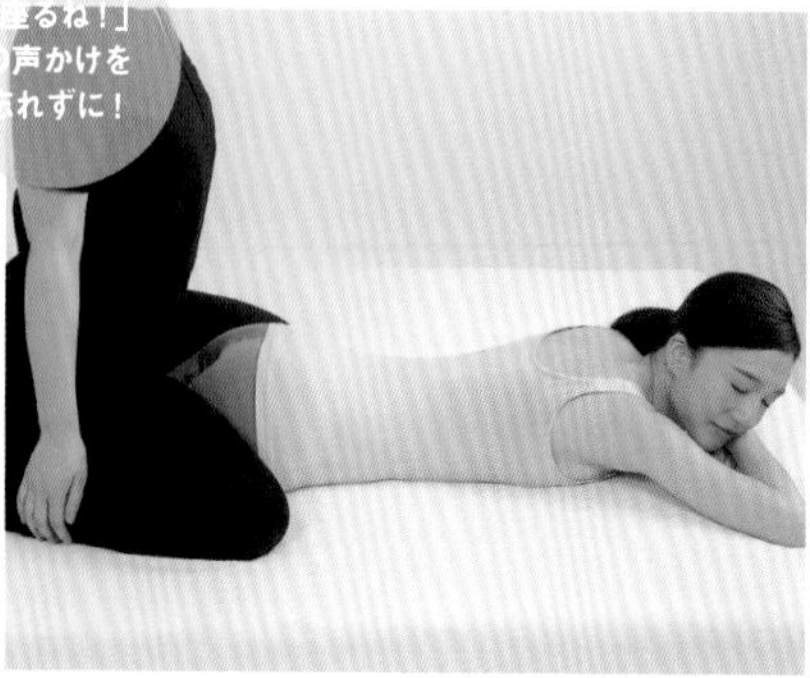

Step

相手の太ももあたりにまたがる。この時、ドスンと座らないように気をつける

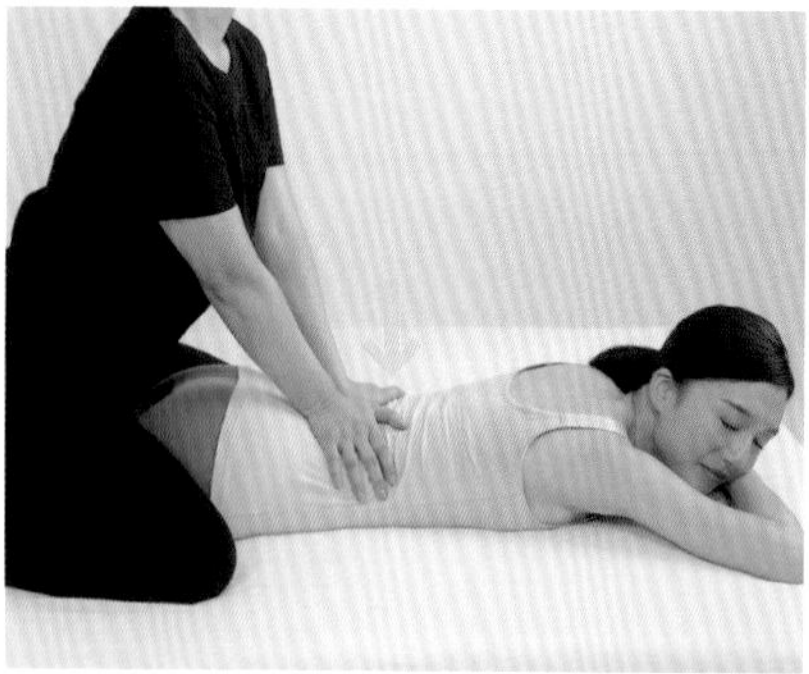

Step

腰にソフトランディング。腕を伸ばしたまま、左右交互にゆっくり3秒かけて押し込んでいく

ソフトランディング Step2／3セット 下半身エナジーチャージ

ベアステップ（上半身）

もみほぐしも大詰め。背中をクマがのしのし歩くように移動しながら、セックスでより動けるカラダにすべくじっくりほぐします

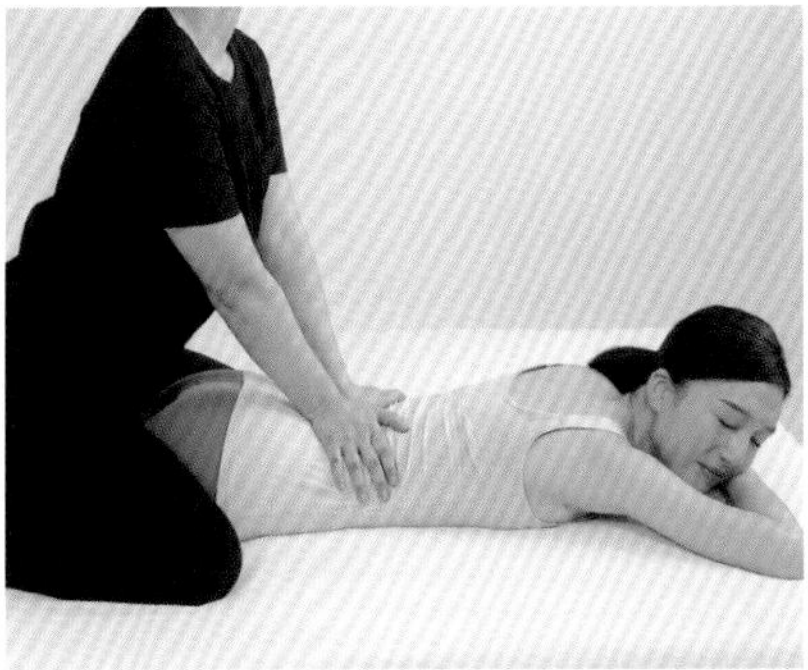

Step 相手の太ももあたりにまたがり、腰にソフトランディング

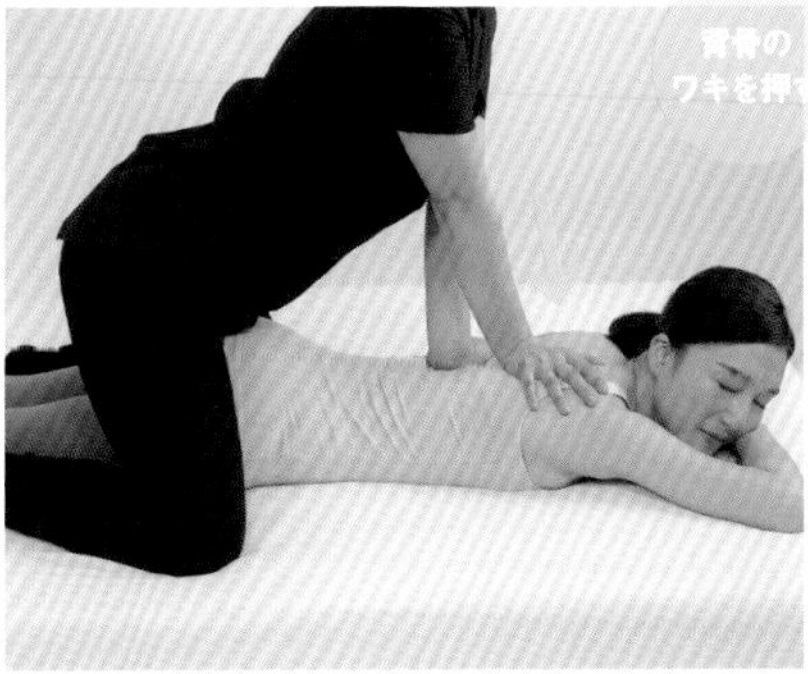

Step 腰→肩→腰の往復で、ゆっくりと各３秒かけて押し込む

ソフトランディング Step2／3セット 下半身エナジーチャージ

ベアステップ（下半身）

最後は下半身。お尻から足裏までをじっくりほぐすことでむくみも解消。お尻まわりが温まり、気持ちの良いセックスにつながります

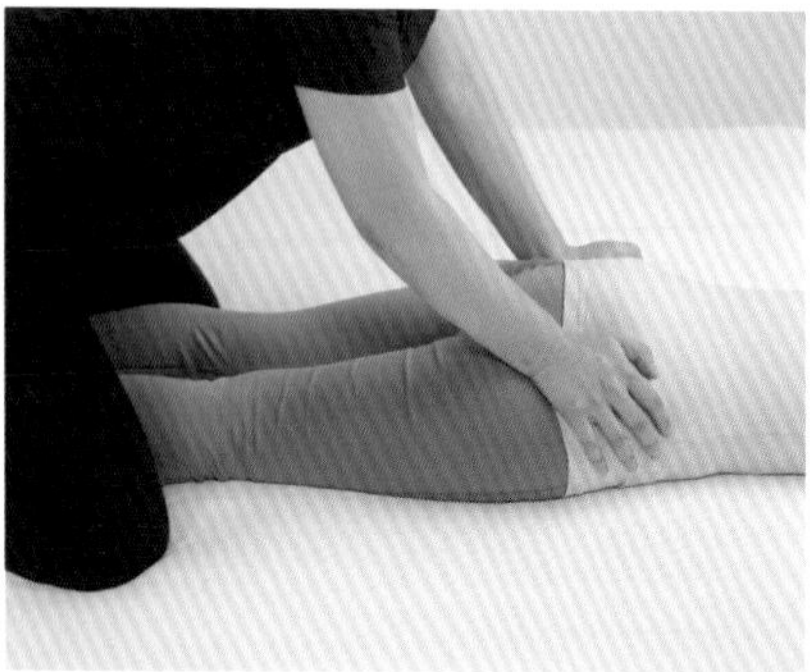

Step 相手の足をまたぎ、お尻にソフトランディング

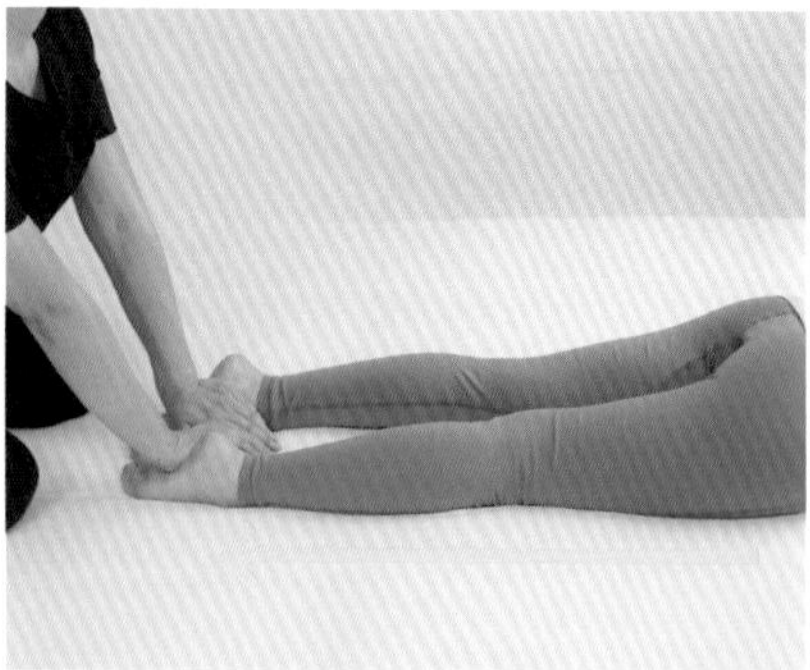

Step お尻から足裏までしっかり、そしてゆっくり各３秒かけて押し込む

Lesson3

LOVEもみ
オイル

「LOVEもみオイルを始める前の準備」

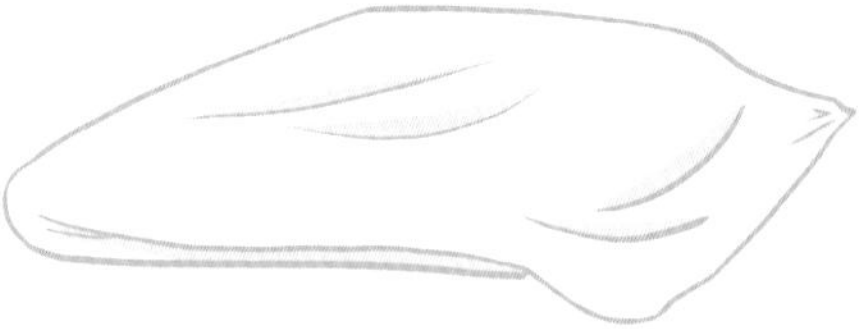

シーツ

オイルを使用したマッサージのため、普段お使いのベッドや布団などが汚れてしまうかもしれないので、汚れても良いシーツを用意

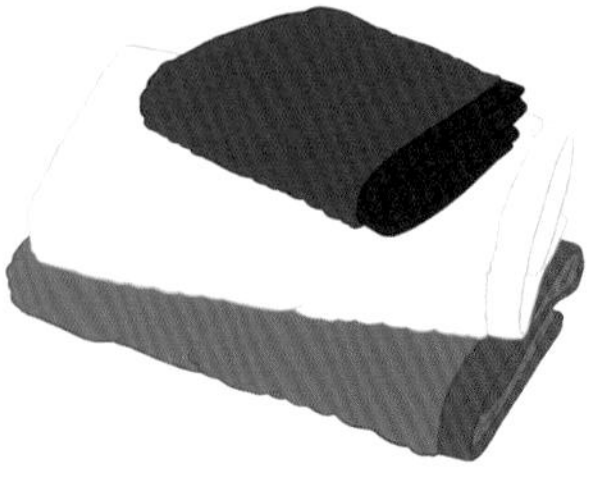

タオル

オイルマッサージ中は裸になるので、カラダを冷やさないための大判のタオル（タオルケットでも可）

マッサージ用オイル

オイルマッサージに使用するオイル。様々な種類がありますが、全肌質に使えるホホバオイルがオススメ

精油

精油はお好みで。精油入りのマッサージオイルもありますが、お好きなアロマがある方はそれをブレンドするのも◎

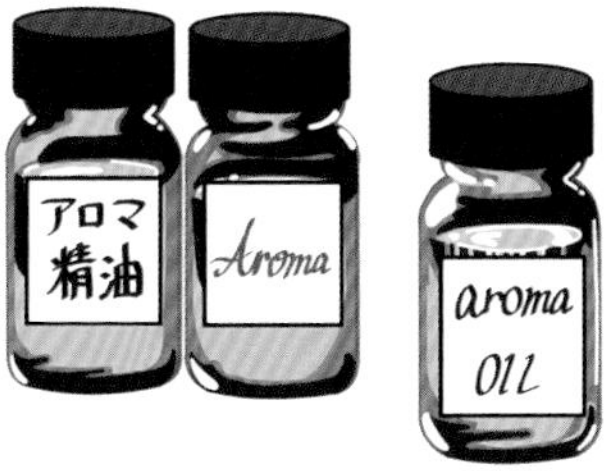

※精油は人工香料ではなく天然の精油（エッセンシャルオイル）を使います。

耐熱ボトル

オイルを入れて湯煎するための耐熱ボトル。片手で持てるコンパクトサイズで蓋の開け閉めがしやすいものがオススメ

POINT
オイルを温めることで心は安らぎ、肌へのなじみが良くなる！

マグカップ

オイルも手と同様、冷えていると効果半減。湯煎用に用意したマグカップにやや高温のお湯を入れて準備

Step2 ～ Step3 を 3 セット

ごあいさつ（肩～足裏）

ここからは、オイルを使用したLOVEもみです。普段の生活でオイルを使用したマッサージはあまり経験できないからこその気持ち良さを感じることができ、気分も一気に高まること間違いなしです

Step

オイルを使用する前に、カラダを冷やさないように全身にタオルをかける

Step

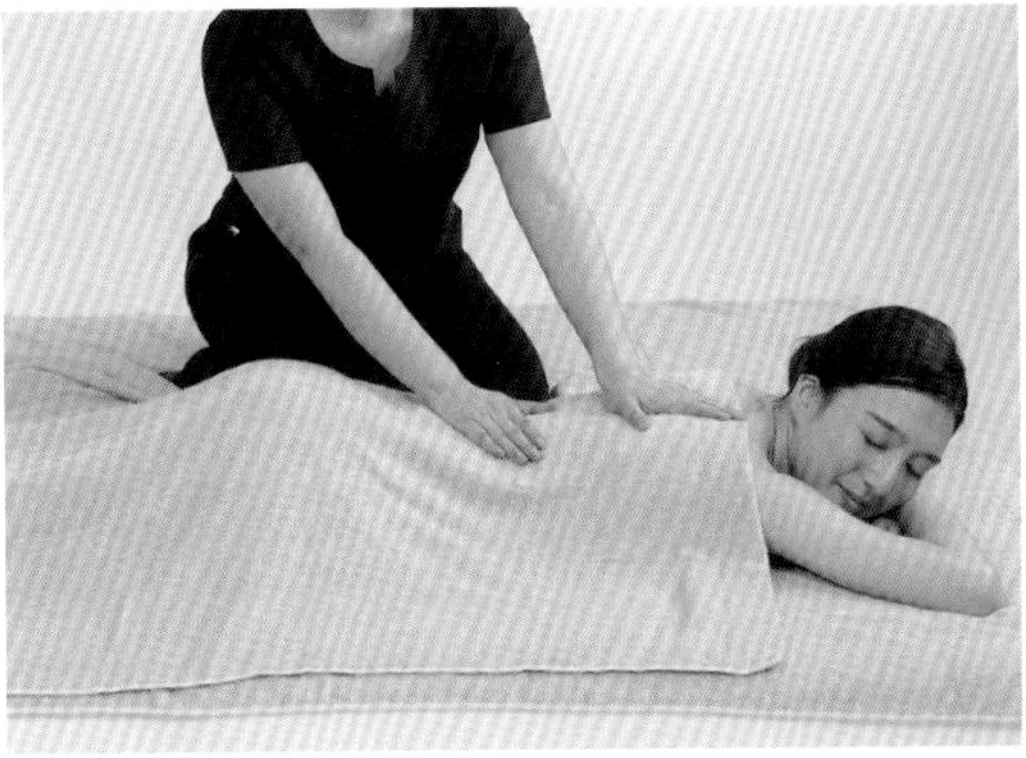

タオルの上から、肩甲骨にソフトランディング

Step

Oxytocin
1秒に
5cm

足裏までエアーレスタッチでゆっくりとなめらかになでる。反対側も同様に行う

ポジショニング

(上半身)

まずは上半身から。オイルは裸になるので、室温などを気にしてあげることも愛情。部屋環境のチェックをお忘れなく！

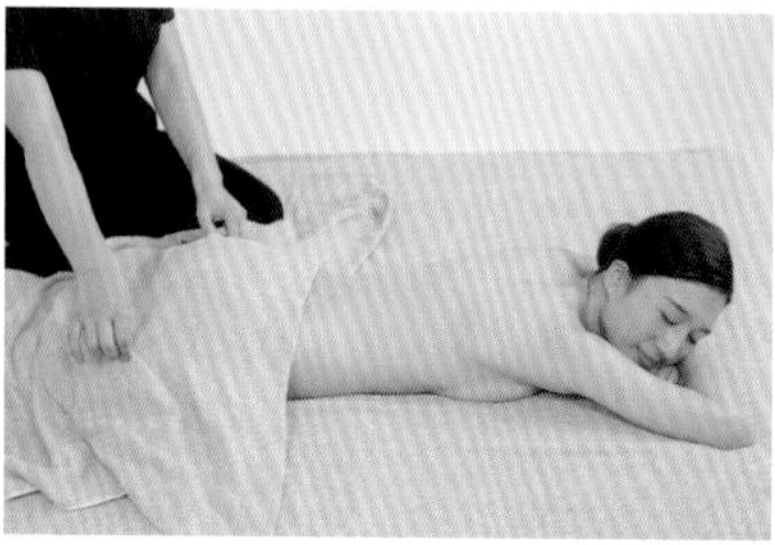

Step

タオルをお尻の割れ目あたりまでゆっくり下げます

忘れずに一言！

上に乗るね、重くない？の声かけを忘れないように！

Step

タオルを下げた後に、ゆっくりと太ももあたりに座ります

ホットオイルドロップ

(背中)

オイルは事前に5分ほど湯煎してひと肌くらいに温めておきましょう。また、オイルはマッサージの都度垂らしてください

始める前に！
手の甲でオイルの温度をチェック！

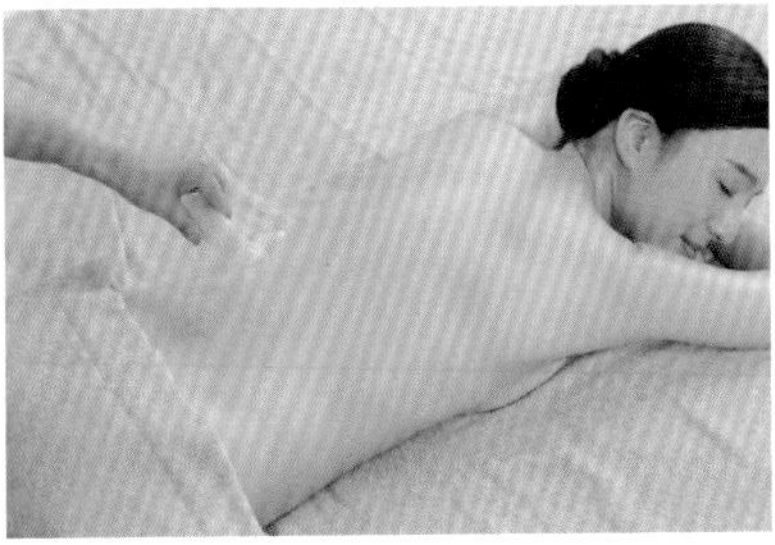

Step

温めたオイルを仙骨(お尻の割れ目)あたりから垂らし始めます

Step

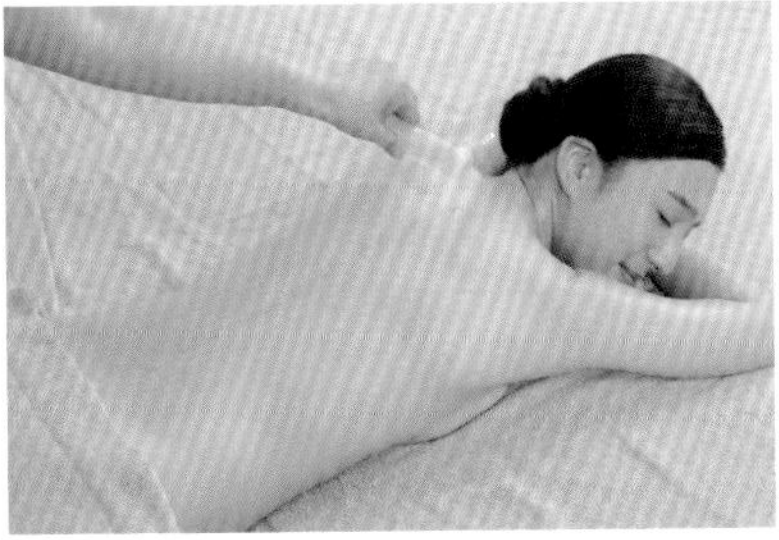

背骨に沿って、肩甲骨あたりまで垂らします

3セット

平泳ぎ

（背中・腕）

手の動きを平泳ぎに見立てたオイルマッサージです。オイルをしっかりと肌になじませることを意識して行いましょう

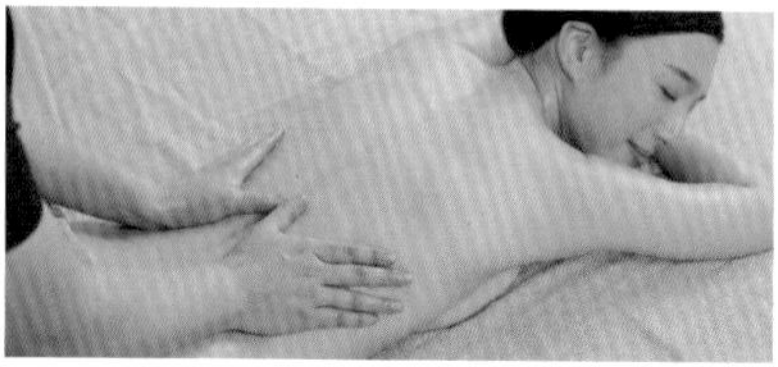

Step

オイルを垂らした仙骨にソフトランディング

Step

そのままオイルを滑らせエアーレスタッチで肩までなで上げる

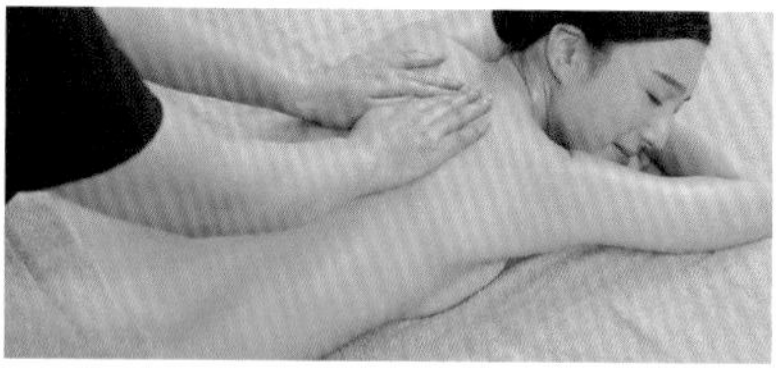

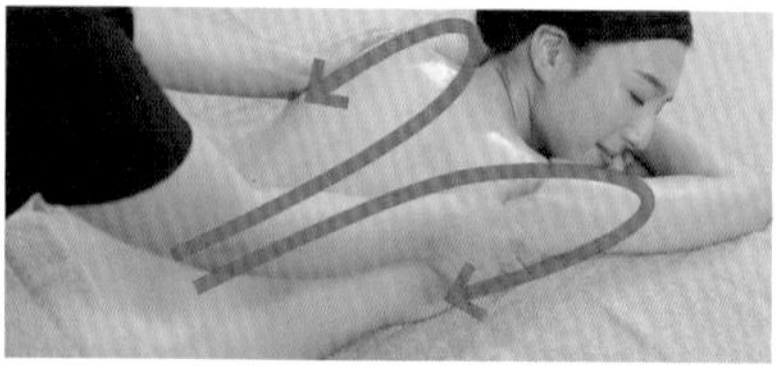

Step

肩から二の腕→ひじ→脇腹を包み込むように出発点の仙骨までもどる

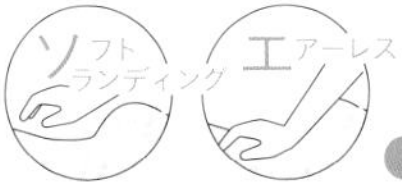

3セット

ハートの積み重ね

(腰〜背中)

腰はセックスで重要な部位。Lesson2でもしっかりとほぐしましたが、オイルマッサージでさらに感受性を高めましょう

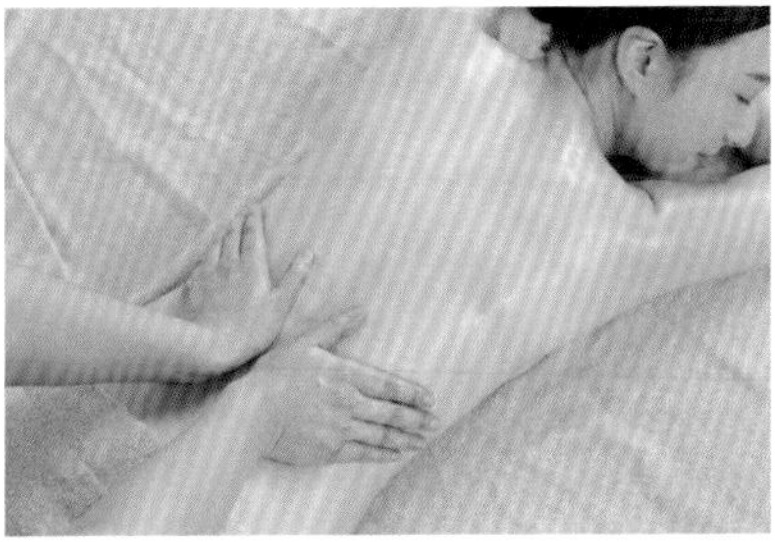

Step

仙骨にソフトランディング

Step

腰から肩に向かってハートを描くように背中全体をエアーレスタッチでなでる

3セット

サウザンドハンズ

（背中）

別名が千手観音。両手で滑らかになで上げるマッサージ。背骨を下から上へなでる動きはより性的な気分を盛り上げます

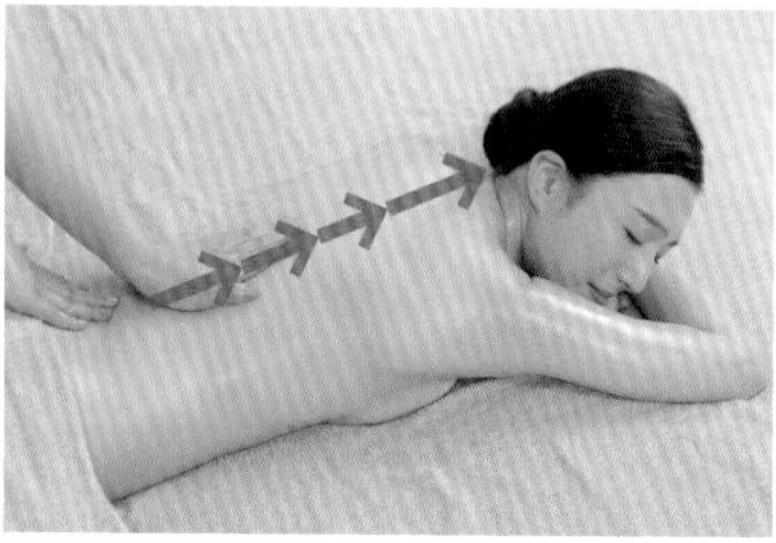

Step

手の向きを縦にし、仙骨にソフトランディング。その後、両手を交互に首までなで上げる

Step

次は人差し指と中指で背骨を挟むようにして、首のつけ根までなで上げる

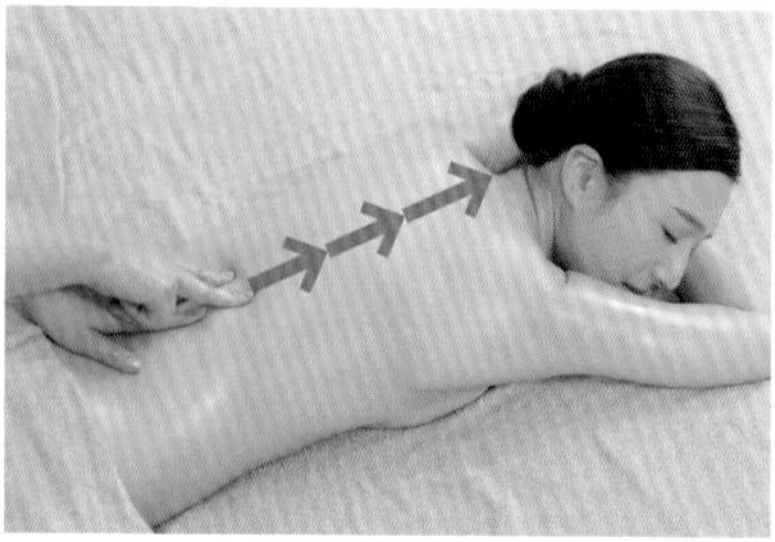

ポジショニング

（下半身）

ここからは下半身へのオイルマッサージ。
ここで、オイルを温め直しておきましょう。
ホットオイルで効果倍増です

Step

ひざと足首を下から
持って、肩幅に開く

Step

自分の温もりを足裏を
通して伝えることを意
識して、片側の足裏に
座る

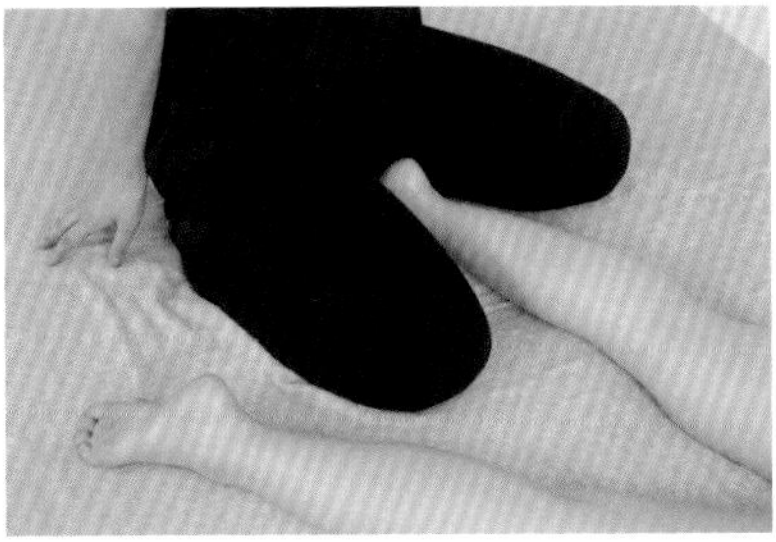

ホットオイルドロップ

(両足)

ここまででカラダは温まっていると思いますが、もし冷えるようであれば、上半身へタオルをかけてあげてください

Step

温めたオイルを足首から垂らし始める

Step

足の中央ラインに沿って、お尻までオイルを垂らす

左右3セットずつ

レッグ&ヒップアップ

足首からお尻まで足全体をなで上げます。
下から上の動きはむくみ解消と焦らし効果
があります

Step

足首にソフトランディング

Step

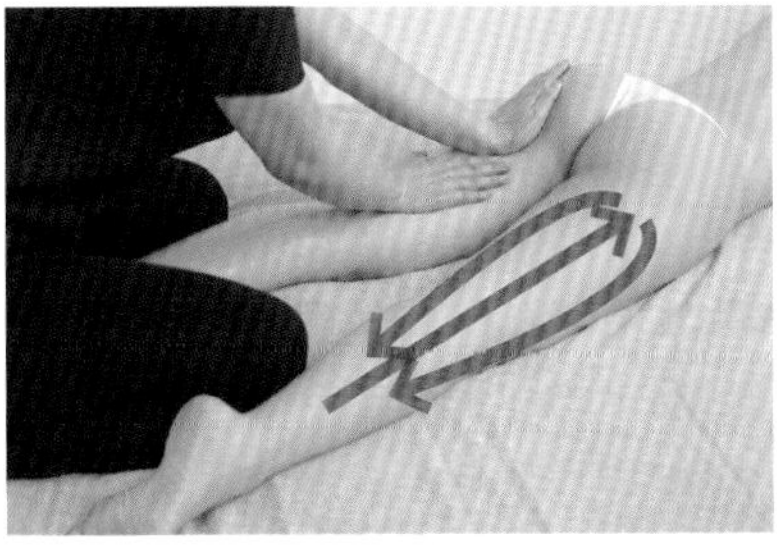

足首からお尻までエアーレスタッチでなで上げる

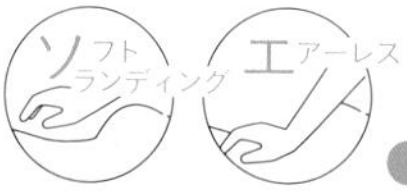

左右3セットずつ

親指ハート

（ふくらはぎ）

第二の心臓と言われているふくらはぎ。ここをしっかりとほぐし、全身の血流を良くして全身を芯から温めましょう

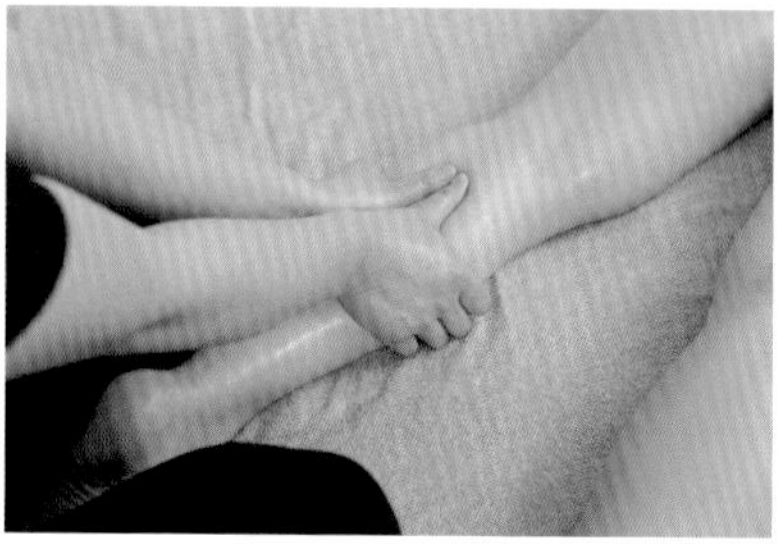

Step

両方の親指でふくらはぎの中央ラインを押し始める

Step

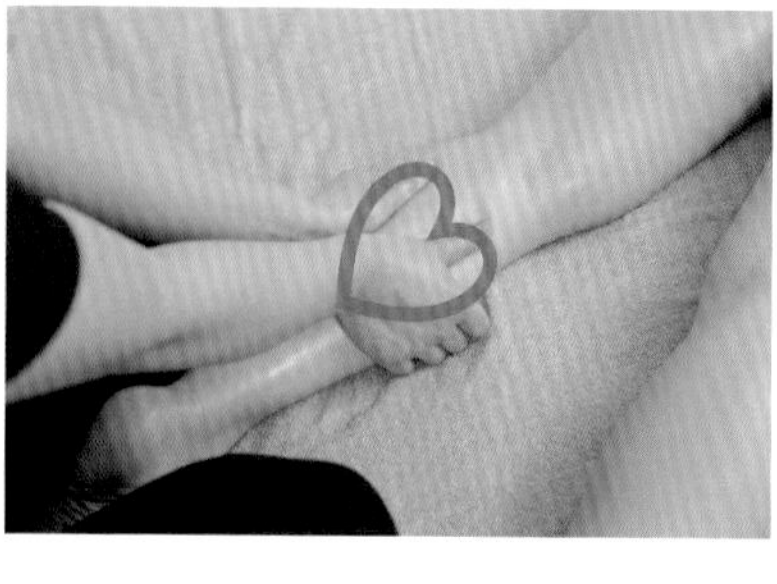

その時、ハートを描くようにふくらはぎの外側もくるむように行う

左右3セットずつ

サウザンドハンズ

（足首〜お尻）

上半身でも行ったサウザンドハンズ。途中で止まらないよう、足首からお尻までを一気になで上げましょう

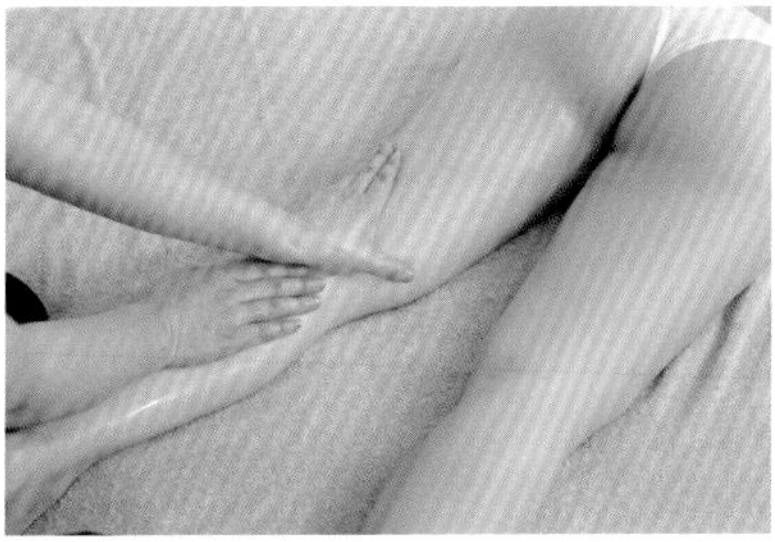

Step

両手の位置を縦にし、足首にソフトランディング

Step

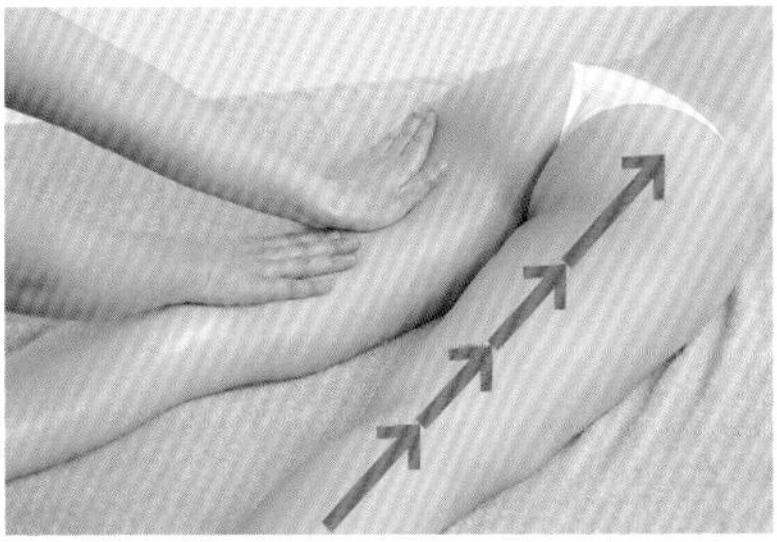

お尻までエアーレスタッチでなで上げ戻る

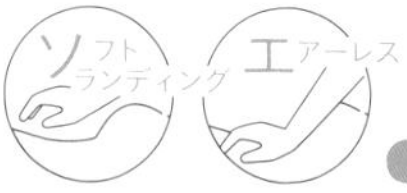

左右3セットずつ

ロングストローク

オイルの仕上げは全身へのロングストローク。もし、上半身にタオルをかけていれば、ここでは外しましょう

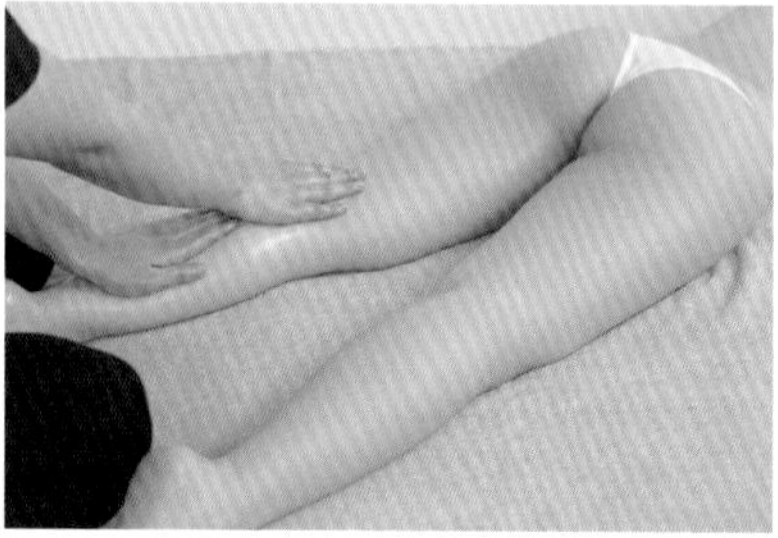

Step

足首にソフトランディング

Step

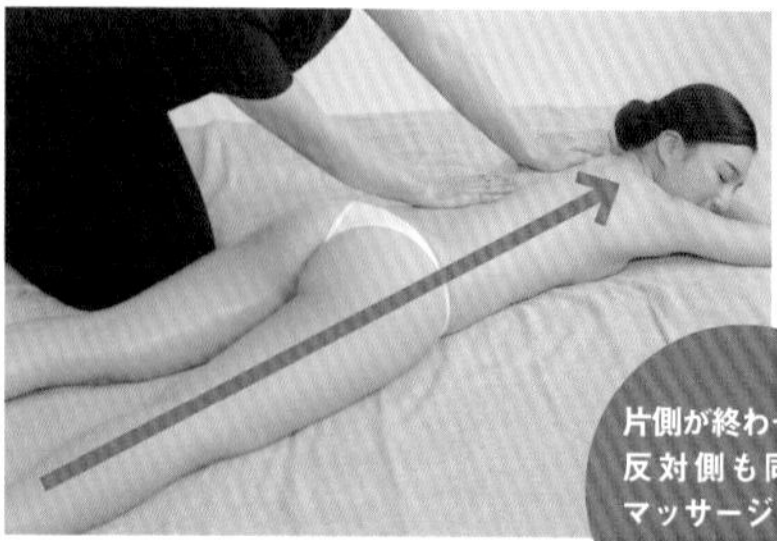

一気に肩あたりまでエアーレスでなで上げる

POINT

片側が終わったら、反対側も同様のマッサージをしてください

Lesson4

LOVEもみ
パウダー

「LOVEもみパウダーを始める前の準備」

ベビーパウダー

汗ばむ肌をサラサラにしてくれるベビーパウダー。赤ちゃんや夏場のスキンケアに使うイメージですが、LOVEもみでは、このパウダーが感度アップの必需品。ふりかけやすいボトルタイプがオススメ。このパウダーマッサージは、一度体験すると心奪われます

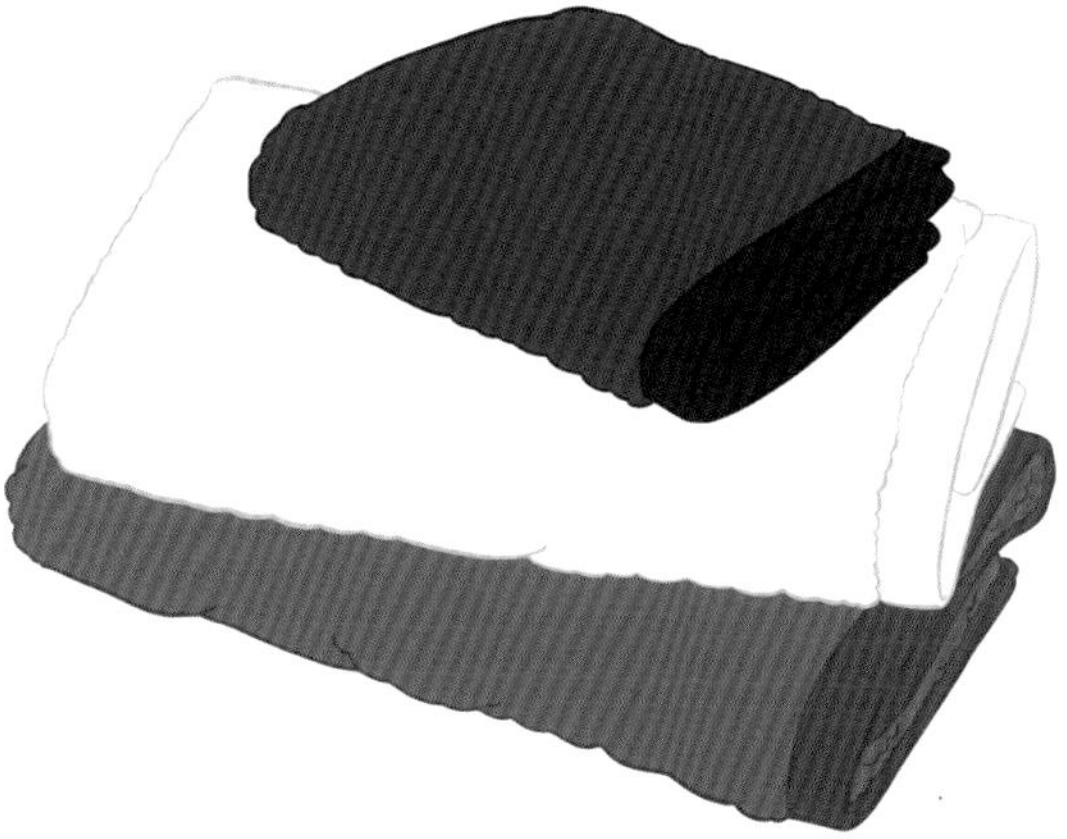

タオル

オイルマッサージと同様、パウダーも粉が飛び散り、お使いのシーツや布団が汚れてしまわないように、大判のタオル（シーツでも可）を敷いてください。また、冷え対策としてもご用意ください（タオルケットでも可）

POINT　パウダーとセンシュアルタッチの相性

パウダーは夏場やお風呂上がりの熱のあるカラダを程よく冷ます役割があります。また、乾燥を防いでくれたり、メイクにも活用できたりと、女性にとっては余さず使えるナイスアイテム。そんなパウダーとセンシュアルタッチの相性は抜群。指先での触れるか触れないかの力加減が重要なセンシュアルタッチでは、パウダーの滑らかさが、指の動きをより繊細で官能的にしてくれます

パウダーふりかけ（背中）

ここからはパウダーマッサージ。肌にオイルが残っていたら、先に温めた濡れタオルで拭き取ってあげましょう

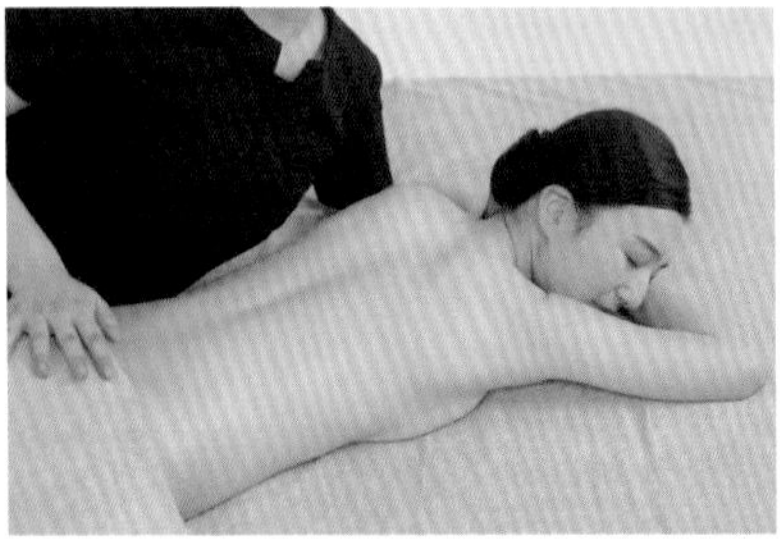

Step

相手の隣に横たわる

Step

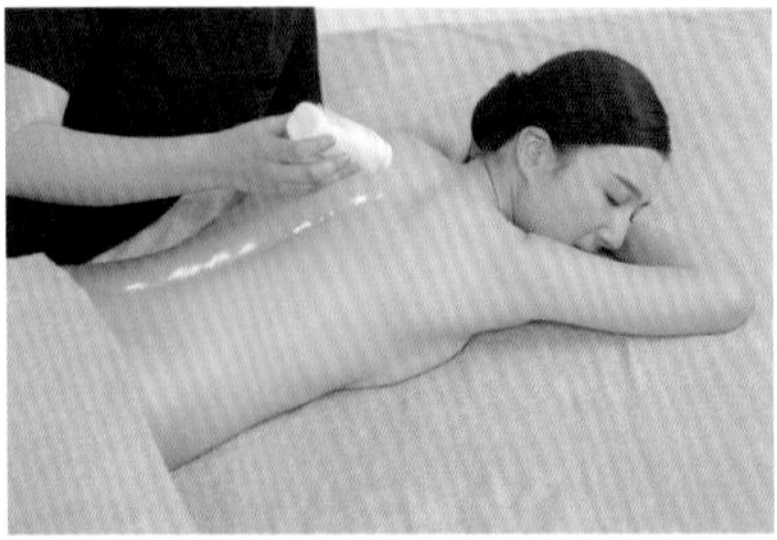

背骨に沿って、パウダーをかけていく

3セット

らせんリラックス

まずはエアーレスタッチでパウダーの気持ち良さを感じてもらいます。パウダーもオイル同様、マッサージの都度かけてください

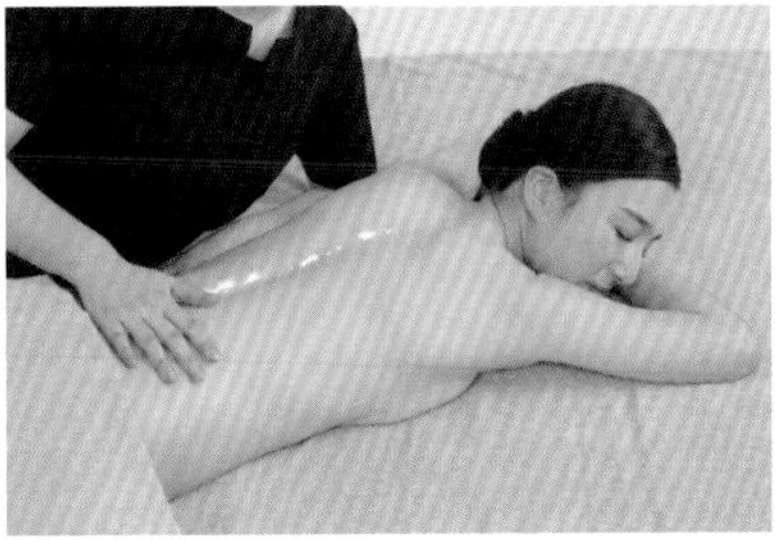

Step

仙骨にソフトランディング

Step

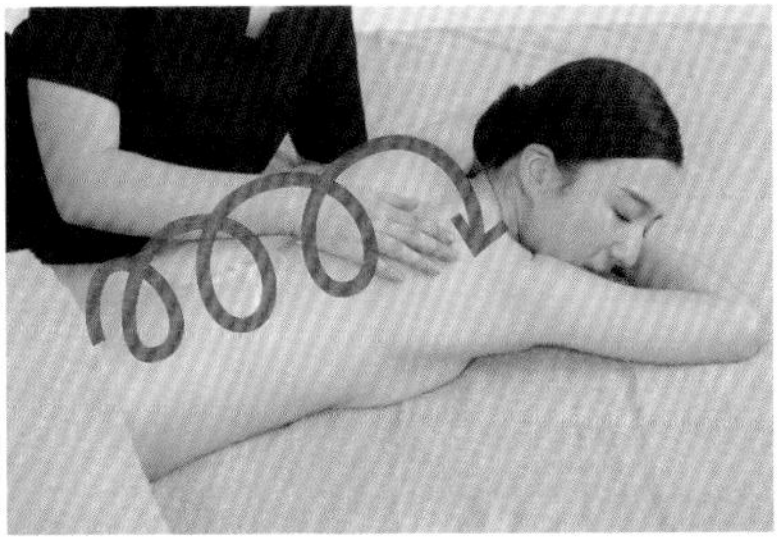

らせん状にエアーレスタッチで肩甲骨までなで上げる

3回転／3セット

らせんゾクゾク

続いては、センシュアルタッチで独特のゾクゾク感を感じてもらい、興奮を高めていきましょう

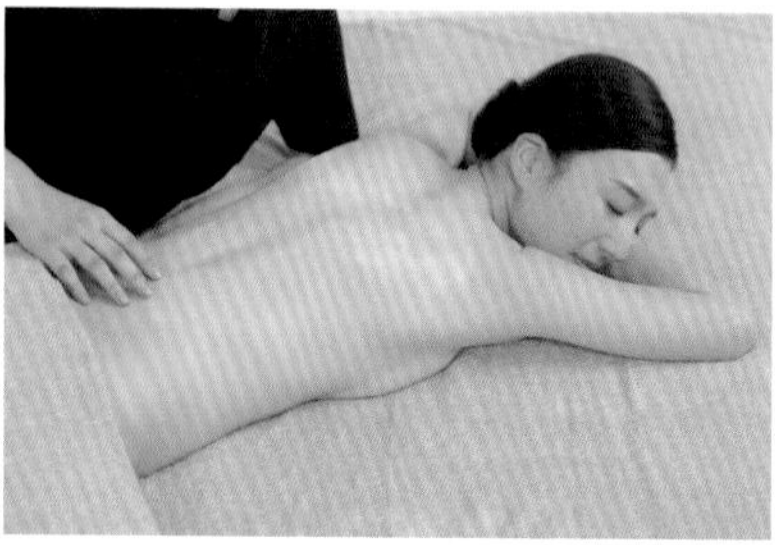

Step

仙骨にセンシュアルタッチ

Step

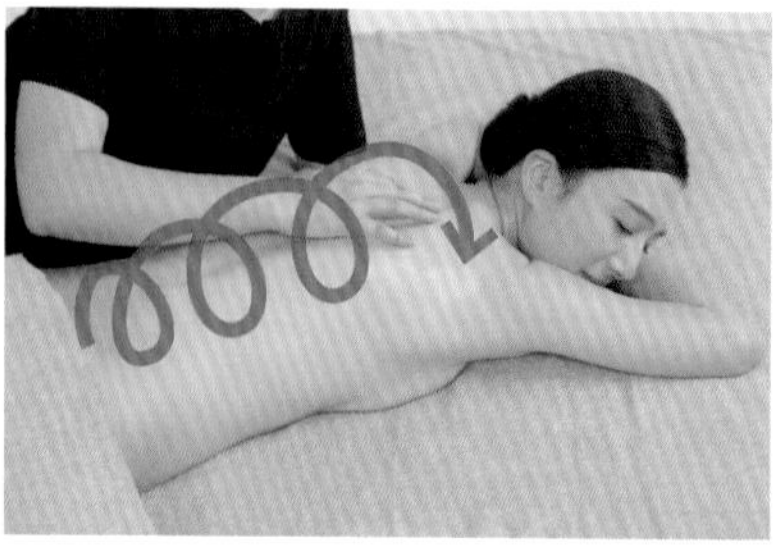

らせん状にセンシュアルタッチで肩甲骨までなでる

センシュアル

左右3回転ずつ

クロックワイズ

時計まわりにゆったりと円を描くようになでます。肩甲骨のヘリや脇の敏感な部分は鳥肌が立つ気持ち良さです

Step

肩甲骨にセンシュアル
タッチ

Step

肩甲骨、脇の下、わき腹にかけて大きな円を描くようにセンシュアルタッチ

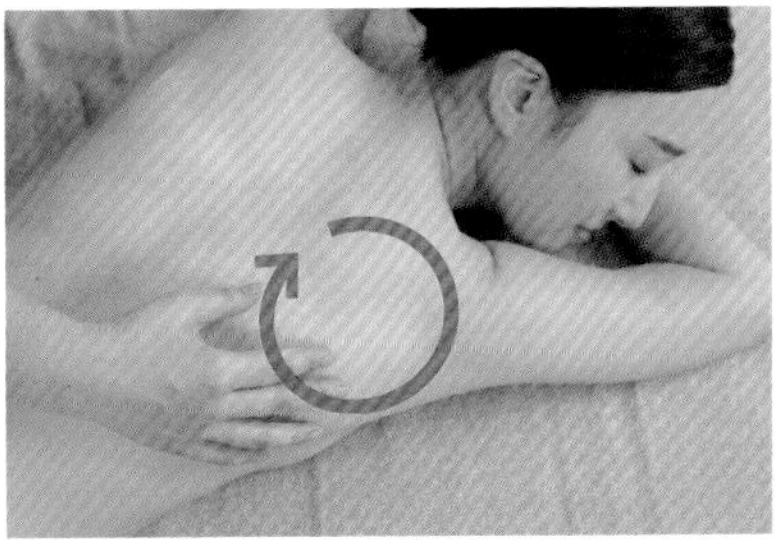

シークレットポイント①

ここまでのLOVEもみで感度が高まっているところに、仙骨へのタッチ。この隠れた性感帯は新たな扉を開いてくれるでしょう

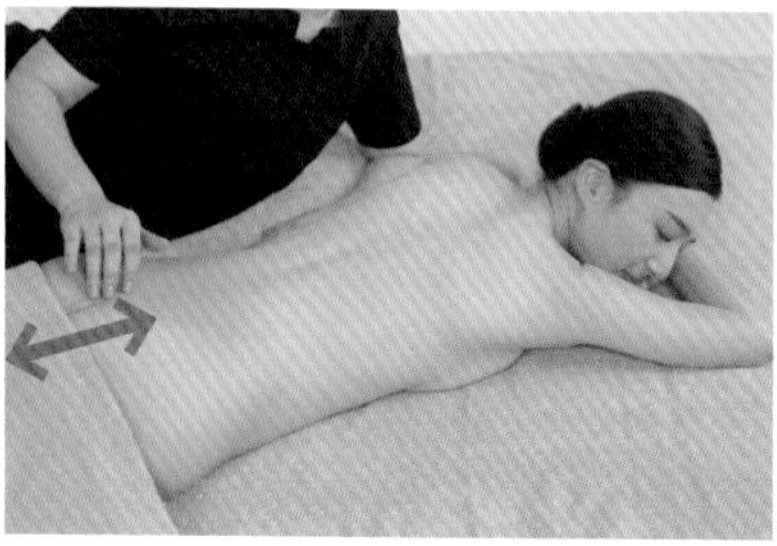

Step

仙骨にソフトランディング。僅かに上下に動かす。ここは、隠れた性感帯になっているはず

Step

その後、背骨に沿ってセンシュアルタッチで首のつけ根までなでる

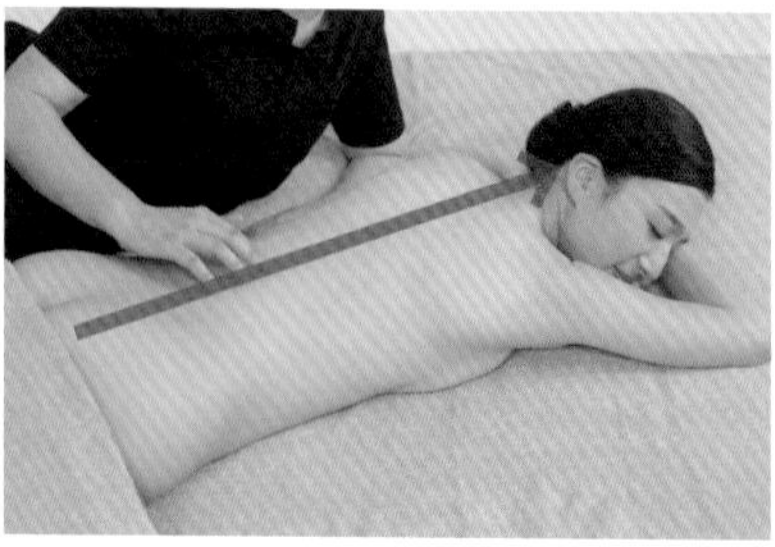

パウダーふりかけ（両足）

ここからは両足へのパウダーマッサージです。オイル同様、もし冷えるようであれば、上半身にタオルをかけてあげてください

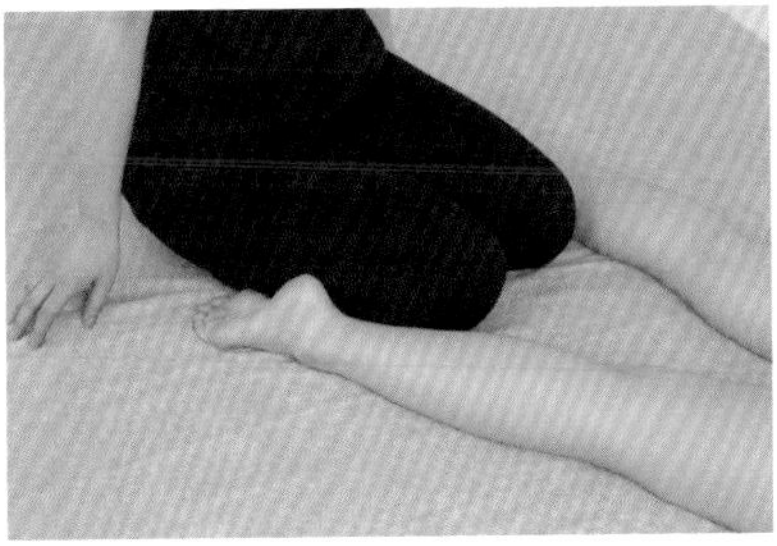

Step

相手の両足の間に座る

Step

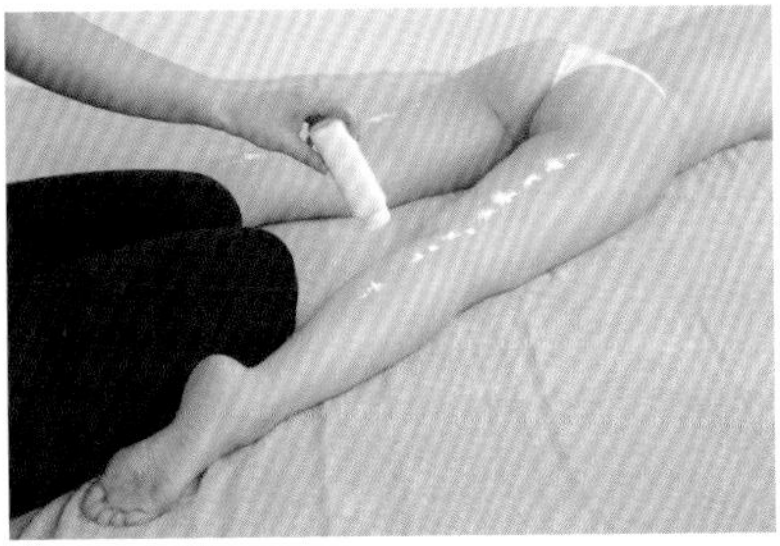

両足首からお尻にパウダーをふりかける

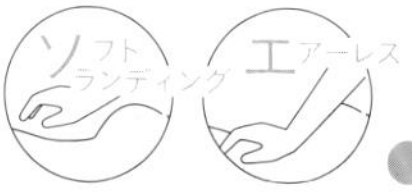

3セット

パウダー塗布

エアーレスタッチで足全体にパウダーを塗り伸ばしましょう。この時、体重のかかり過ぎには十分に気をつけて行ってください

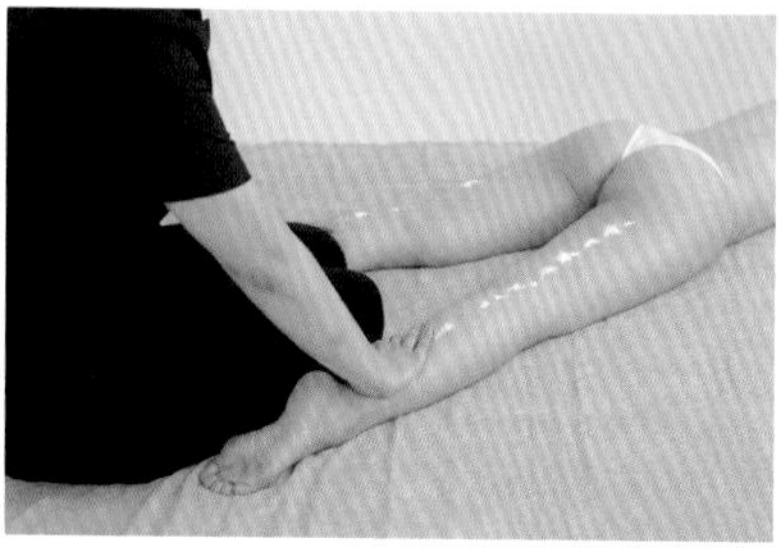

Step

両足首にソフトランディング

Step

お尻までエアーレスタッチで内側から外側へパウダーを塗り伸ばす

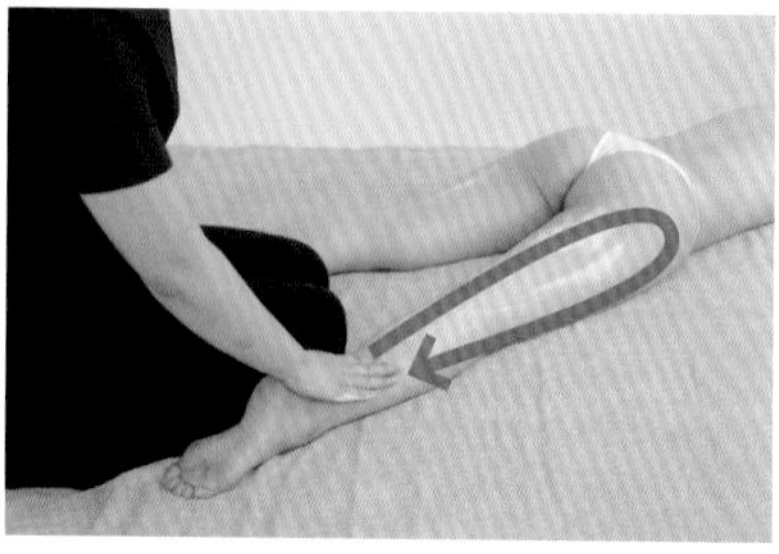

3セット

レッグ&ヒップアップ

足全体にパウダーを塗り伸ばした後は、エアーレスタッチでしっかりと体重をかけながらなで上げます

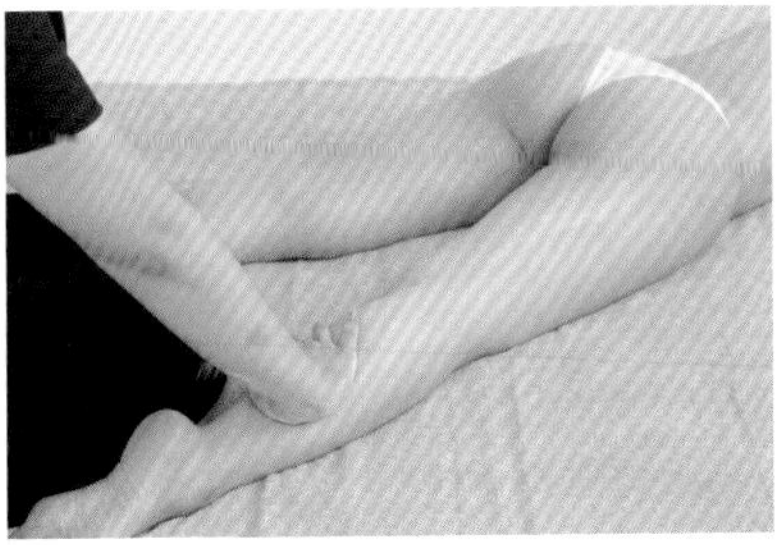

Step

両足首にソフトランディング

Step

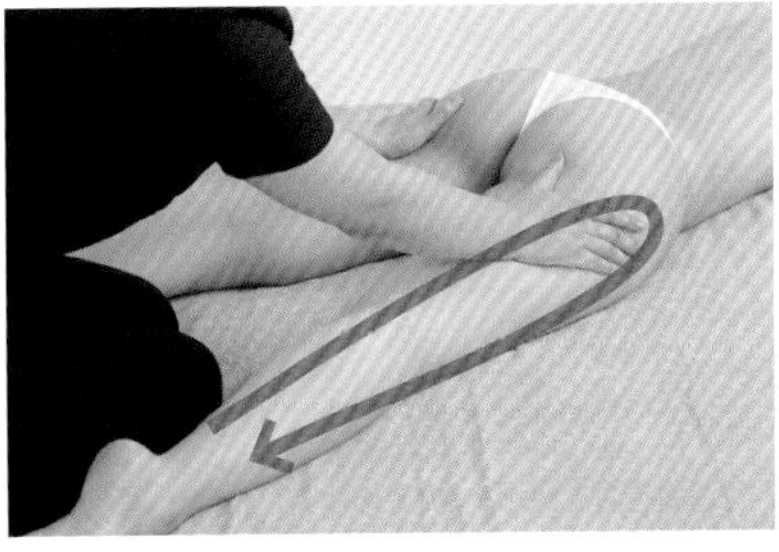

お尻までの内側をエアーレスタッチでなで上げ、外側から戻る

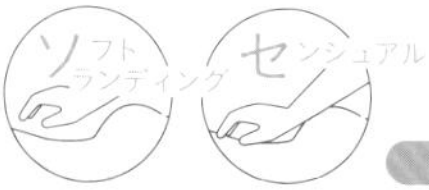

3セット

シークレットポイント②

シークレットポイント第2弾。ここにも隠された性感帯が潜んでいますので、相手の反応をじっくり観察してみてください

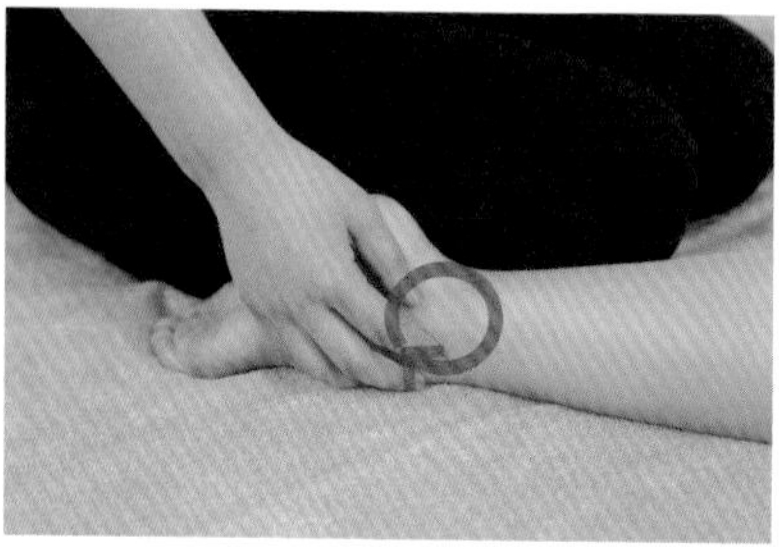

Step

隠された性感帯の正体はくるぶし。センシュアルタッチで両くるぶしに円を描くイメージで3回転なでる

Step

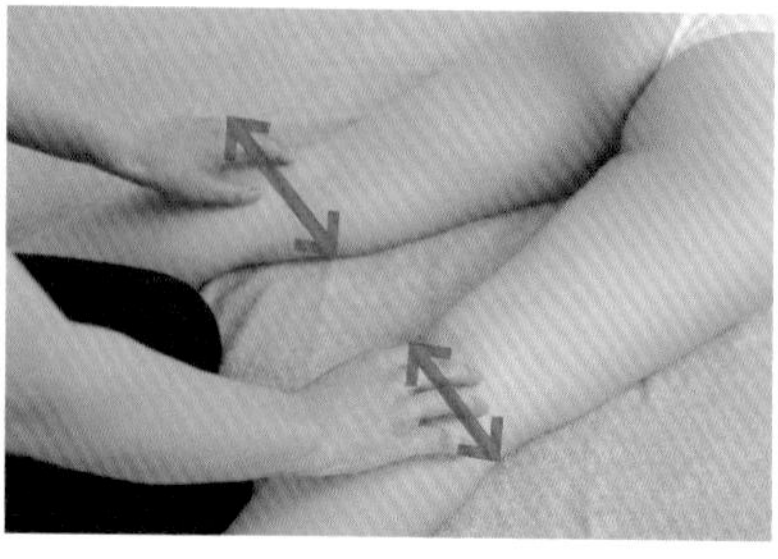

両ひざ裏を左右スライドでセンシュアルタッチで3往復

3セット

キワ攻め

仕上げのパウダーはキワ攻め。感度がこれ以上ないくらい上がっているタイミングですが、たっぷりと焦らすことが大切です

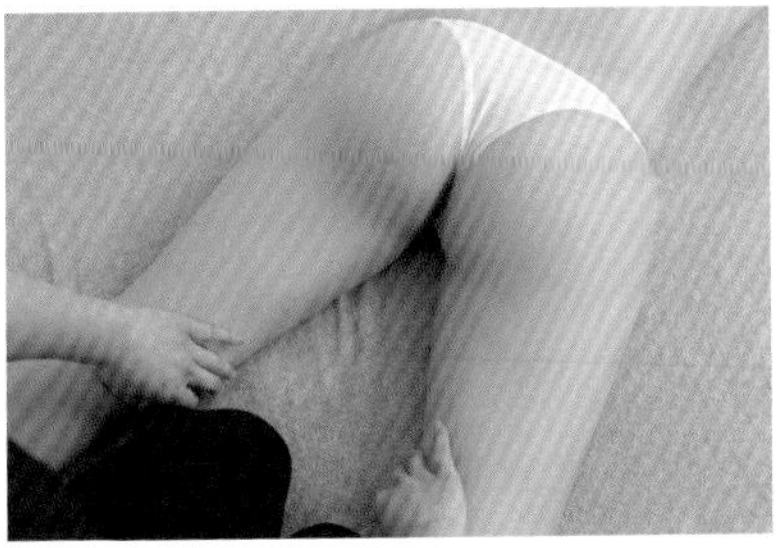

Step

太もも内側にソフトランディング

Step

センシュアルタッチで内側→付け根（性器にギリギリ触れない位置まで）→外側をなでる

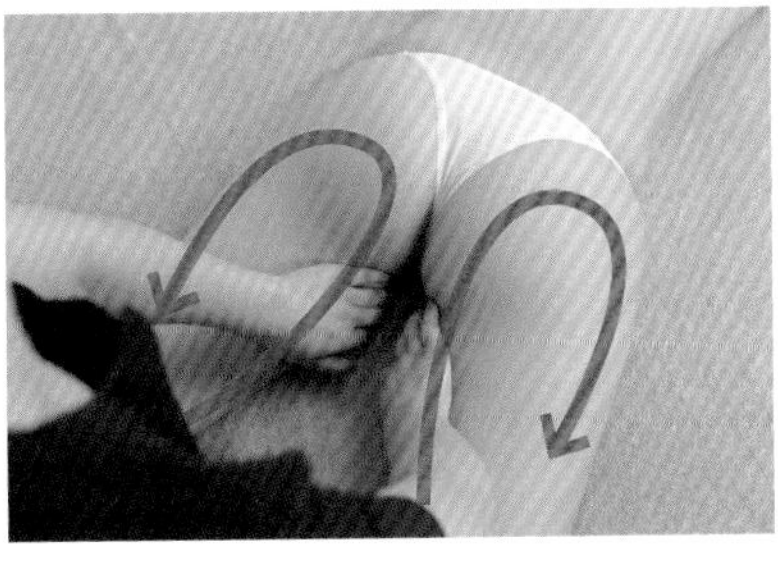

性感帯MAP

性感帯は人それぞれ。相手と話しながら、ポイントを見つけましょう。左下図には、オススメの動きが書かれているのでトライしてみてください

耳 1
優しく耳全体にキス。そして耳の穴へ指や舌を出し入れする

首 2
唇や舌、センシュアルタッチで攻めるとゾクゾク度UP

指 3
1本ずつ舐めたり、フェラチオのように口の中に出し入れする

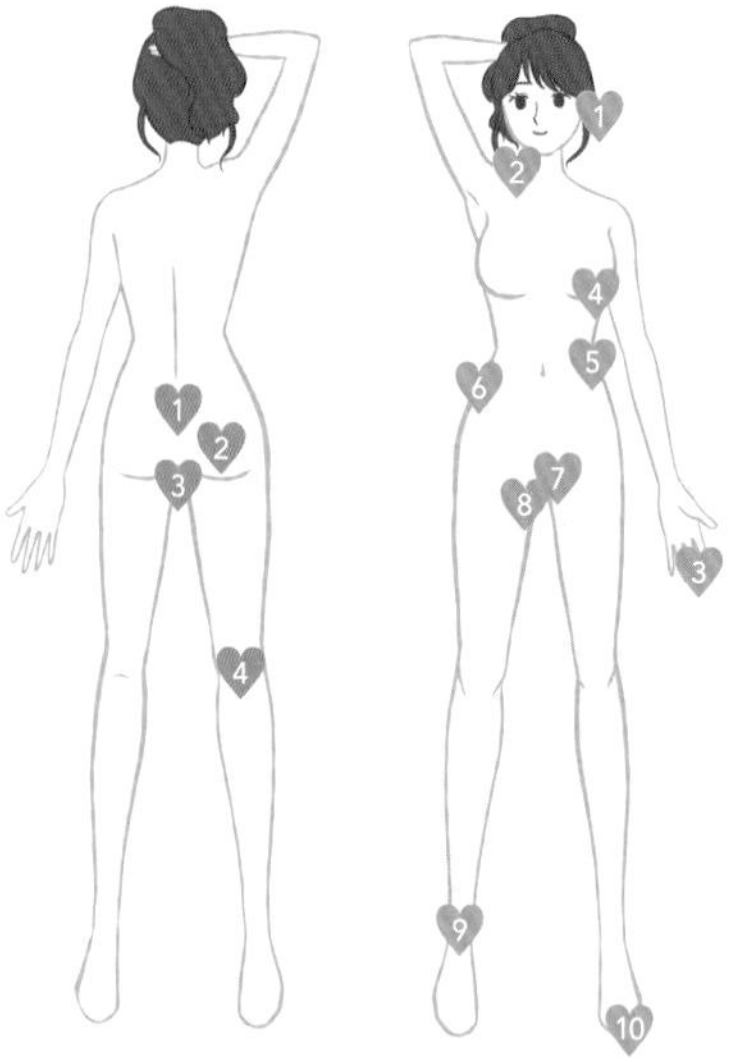

胸(乳首) 4
舐めるだけではなく、つねったり、強めの吸いつきも効果的

脇腹 5
エアーレスタッチやセンシュアルタッチでなでる

腰骨 6
キスやセンシュアルタッチされると鳥肌が立つ

そけい部 7
センシュアルタッチや舌先で優しくなぞる

性器 8
センシュアルタッチや舌でその周辺を徹底的に焦らす

くるぶし 9
P92でも紹介したLOVEもみオススメポイント

足指 10
指先と同様に

仙骨 1
P88でも紹介したLOVEもみオススメポイント

お尻 2
四つんばいの状態で優しくキス

肛門 3
センシュアルタッチでなでる

ひざ裏 4
P92でも紹介したLOVEもみオススメポイント

Lesson5

LOVEもみ

センシュアルアプローチ

ポジショニング

最後は、センシュアルアプローチ（前戯）です。「ソフト」と「ハード」の刺激を使い分け、焦らしつつ興奮を高めていきましょう

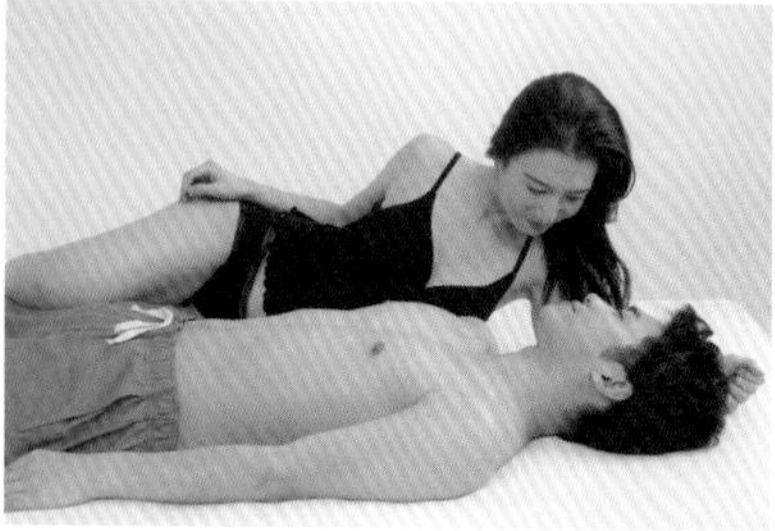

Step

相手の横に寄り添い顔を見つめる

Step

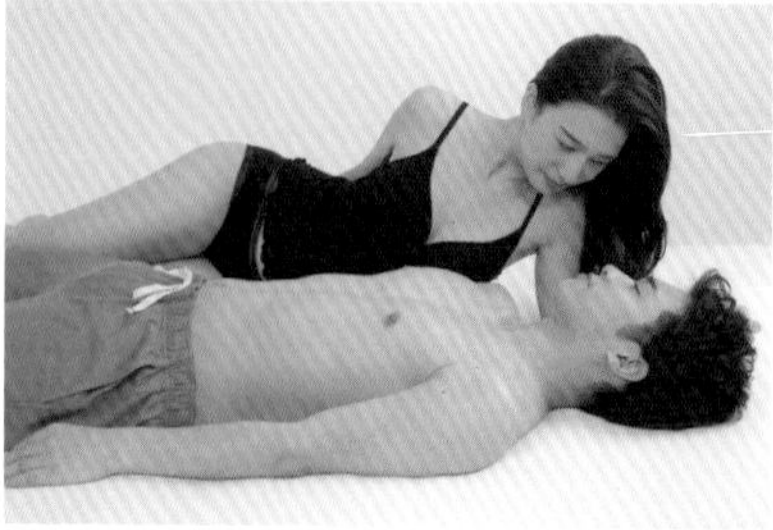

腰をさらに寄せて、上になっている足のひざを、相手の性器付近に軽くのせる

髪ナデ

髪をなでながら相手と目を合わせましょう。
見つめ合えば気持ちを感じることができ、
愛情たっぷりのキスが自然と生まれます

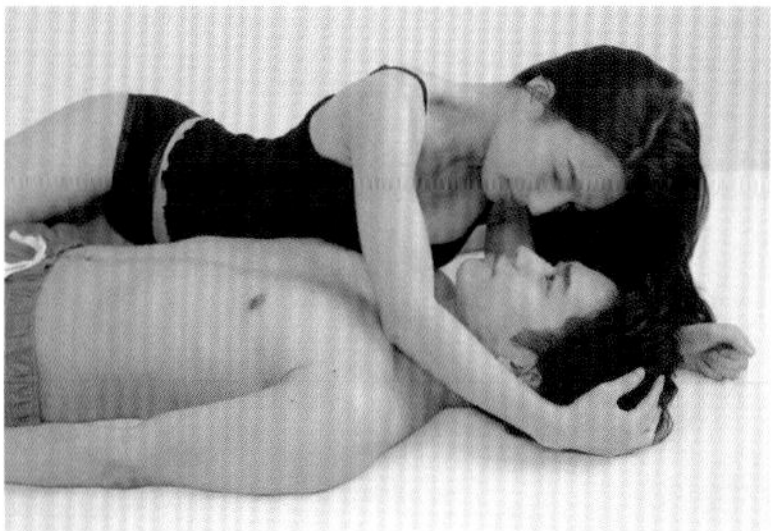

Step

相手の上になり、センシュアルタッチで髪を優しくなでる

Step

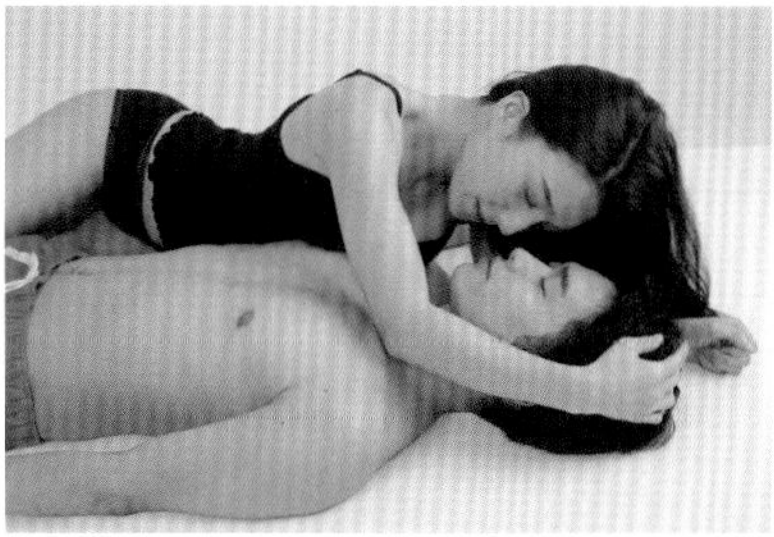

髪をなでながら、優しくキスをする

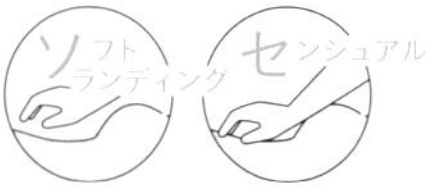

ネックライン

首は性感帯の王道とも言われており、それだけでも十分ですが、ここでは鎖骨へのアプローチも行い、未知の快感へと導きましょう

Step

耳の後ろにソフトランディング

Step

そのまま鎖骨へ向け、楕円を描きながらなでる

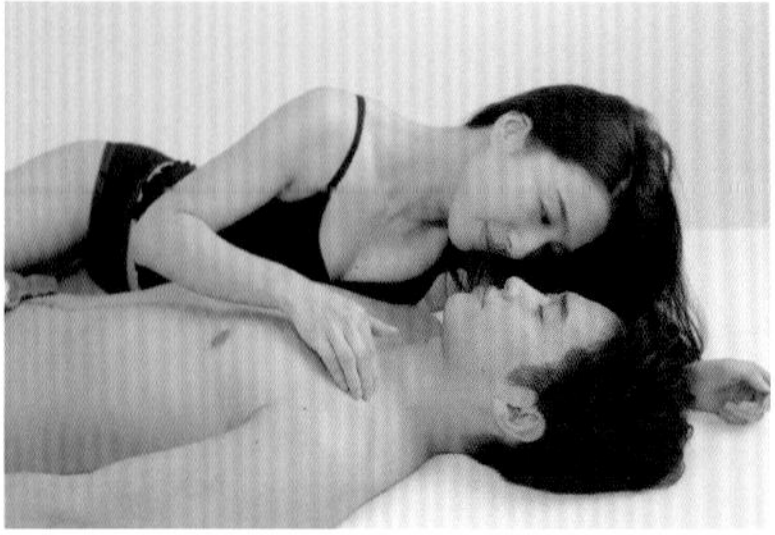

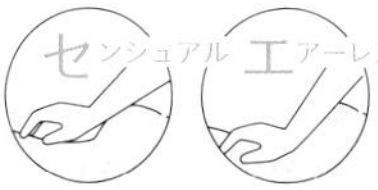

腕＆ハンド

パートナーと腕を組むことからも連想できるように、腕は愛を感じられる大切なパーツ。肌の密着だけで十分な愛撫となります

Step

鎖骨まできた手を、そのまま肩あたりまでセンシュアルタッチ

Step

肩にきたらエアーレスタッチに切り替え、手先まで丁寧になでる

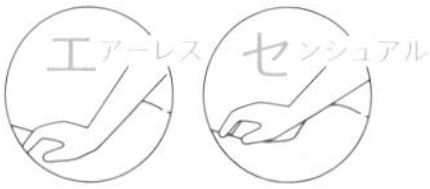

手つなぎホールド

しっかりと手をつなぎ、相手の自由を奪います。逃れられない拘束感でいつも以上の興奮を感じられます

Step

頭上で手をつなぎ、手首から腰骨までエアーレスタッチ

Step

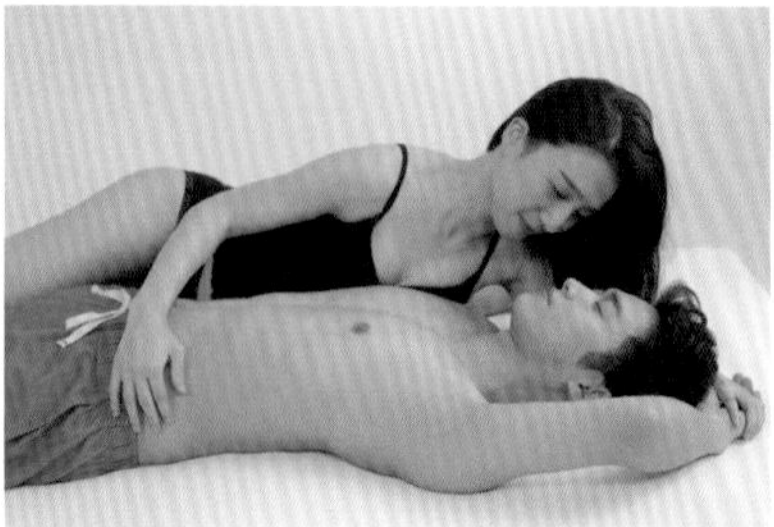

腰まできたらセンシュアルタッチに切り替えて脇腹をなで上げる

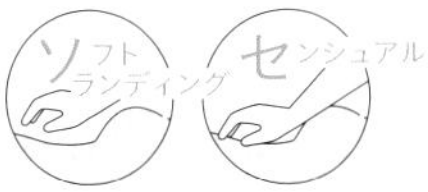

バスト&ブレスト

男女共に多くの人が性感帯である胸へのアプローチ。相手の反応を見ながら、じっくり焦らします

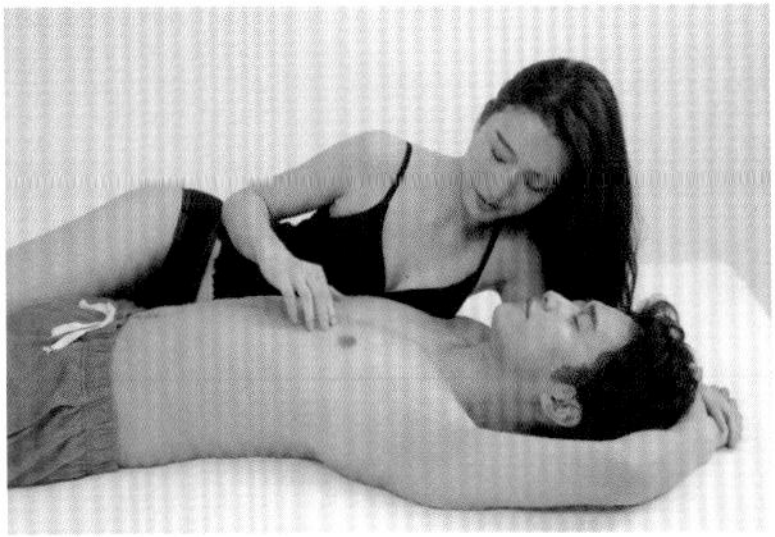

Step

胸（乳輪の外）にソフトランディング

Step

センシュアルタッチで円を描きながらじわじわと乳首に近づく

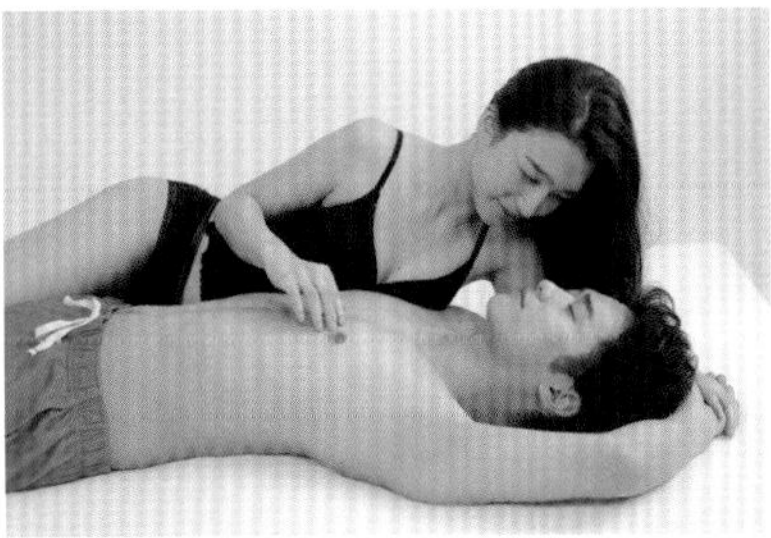

センシュアル

バストトップ

上半身最大の見せ場、乳首へのアプローチ。ここでもいきなり乳首に触れるのではなくまず焦らしてから敏感な先端部分へ

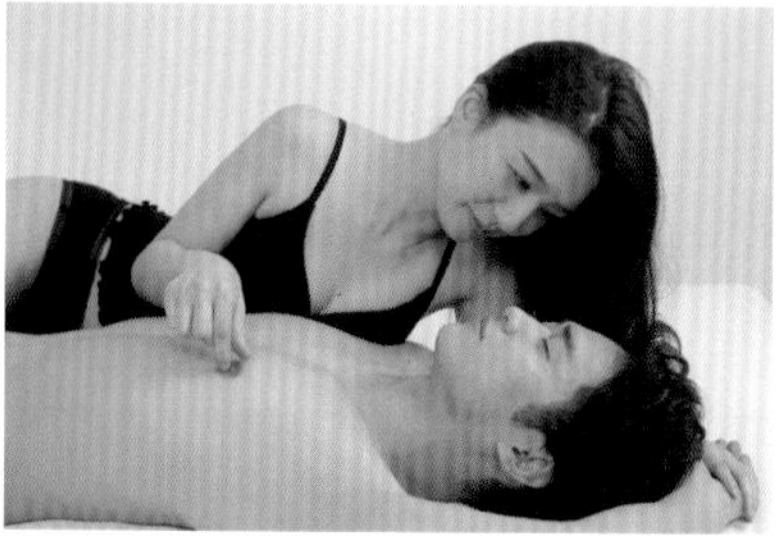

Step

乳輪と乳首の上を２本の指でかすりながら焦らす

Step

たっぷり焦らし、指のはらで乳首を優しくこねる。徐々に色々な方向へこねくり回す

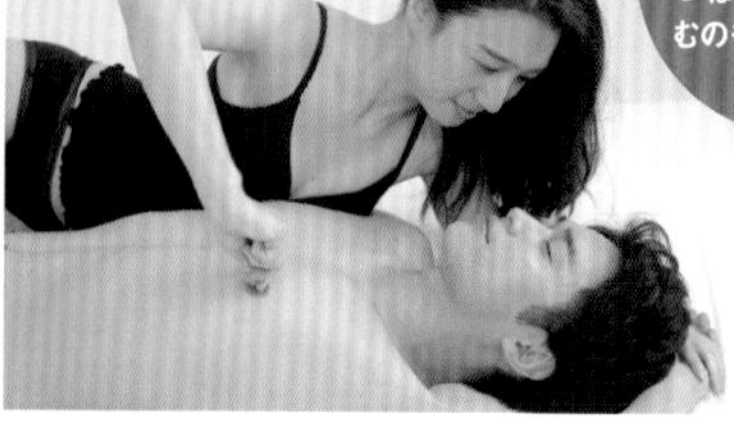

POINT

相手が嫌がらなければ、少し強めにつねったり、つまむのも効果的!!

センシュアル

ビキニライン

最後の焦らしです。人によってはもう限界かも。ここでのもうひと焦らしで快感の深さが激変します

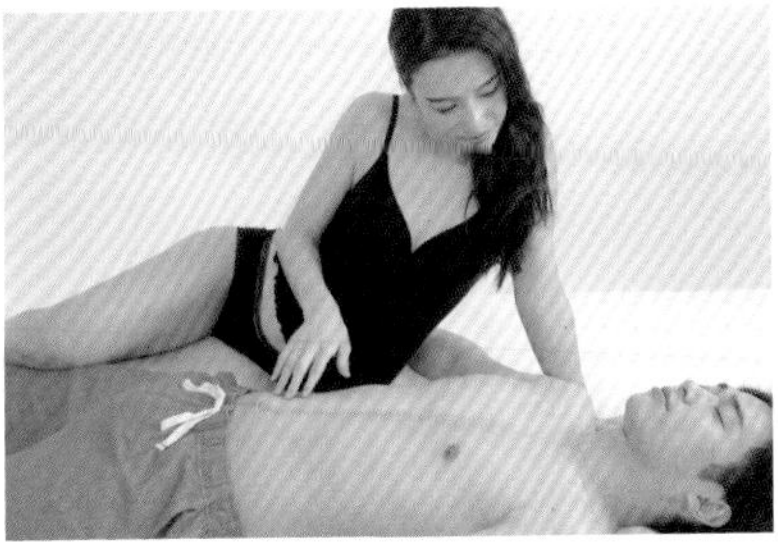

Step

乳首をたっぷり攻めた後、下腹部からビキニラインへセンシュアルタッチで下りる

Step

そのままビキニラインまでをセンシュアルタッチで往復しながら焦らす

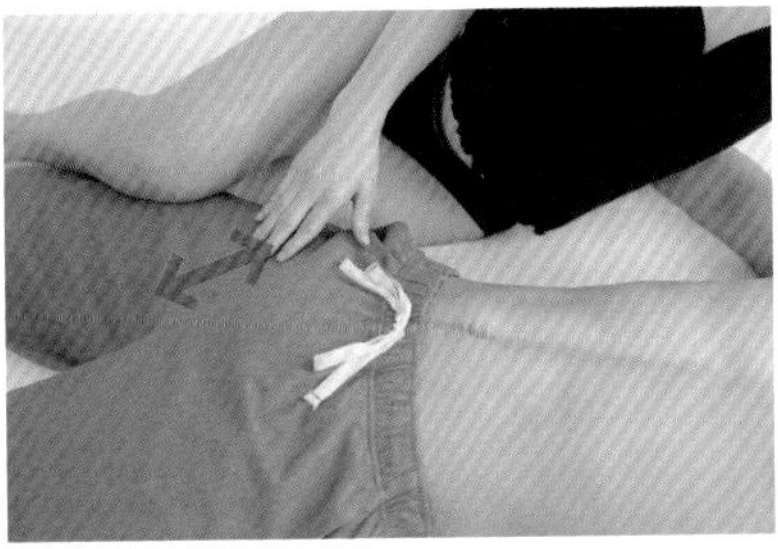

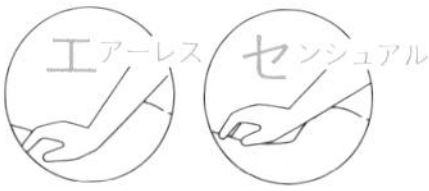

プレクライマックス

LOVEもみもついに最終章。人生史上最高に高まっている心とカラダに、愛情たっぷりのご褒美をあげましょう

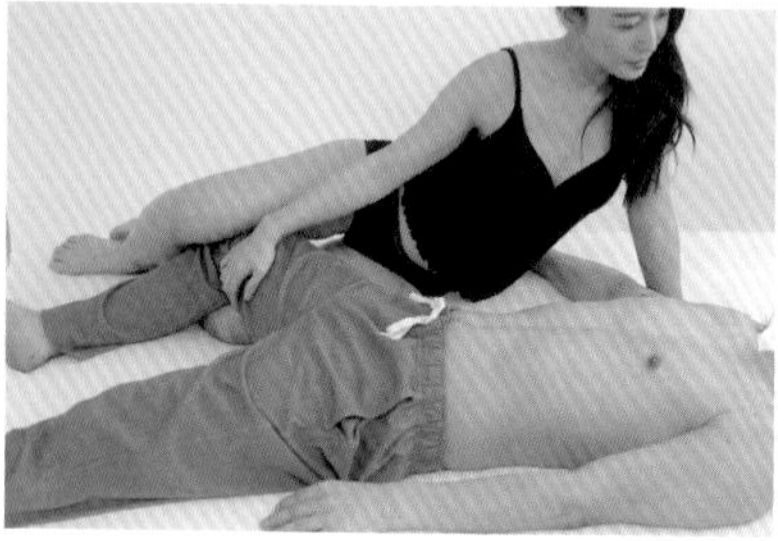

Step

ビキニラインを焦らした後、相手の足を開き、内ももへエアーレスタッチ

Step

内ももからそけい部へエアーレスタッチやセンシュアルタッチで近づき…準備完了！

POINT
相手の足を太ももで挟んでロック!!

誰にも聞けない

セックスのあれこれ

男女の性反応の違い

セックスでは快感の波のようなものが存在することを皆さん、ご存知でしょうか。大きく４つの段階に分けられ、「興奮期」「平坦期」「オーガズム期」「消退期」と呼ばれています。また、左図のように、そのリズムは、男女によって異なります。

興奮期は、キスなどによるボディタッチで興奮することで、男性の場合は性器の硬さ、大きさが変化し始め、女性は性器が潤い始めます。

平坦期は、その興奮が維持され、お互いに呼吸が荒くなったり、女性は陰核、つまりクリトリスがふくれ、乳首が隆起した状態が続いたりします。

そして第三段階のオーガズム期。イクという状態がこれにあたります。男性は射精。女性は、子宮や膣口近辺の筋肉収縮、手足のつっぱりや、痙攣《けいれん》などがそれにあたります。

最後に消退期。男性は射精後、すぐに冷めていきますが、女性は時間をかけて緩やかに冷めていく傾向にあります。

また、この表により男性は、「一気に」「強く」。女性は「緩やかに」「長く」というのがよく分かります。この違いを理解し、お互いへのアプローチを考えることが思いやりです。上記にあるカラダの反応はほんの一例であり、その反応は人それぞれです。なので、相手の反応をよく観察し、ふたりが満足するセックスを目指しましょう。

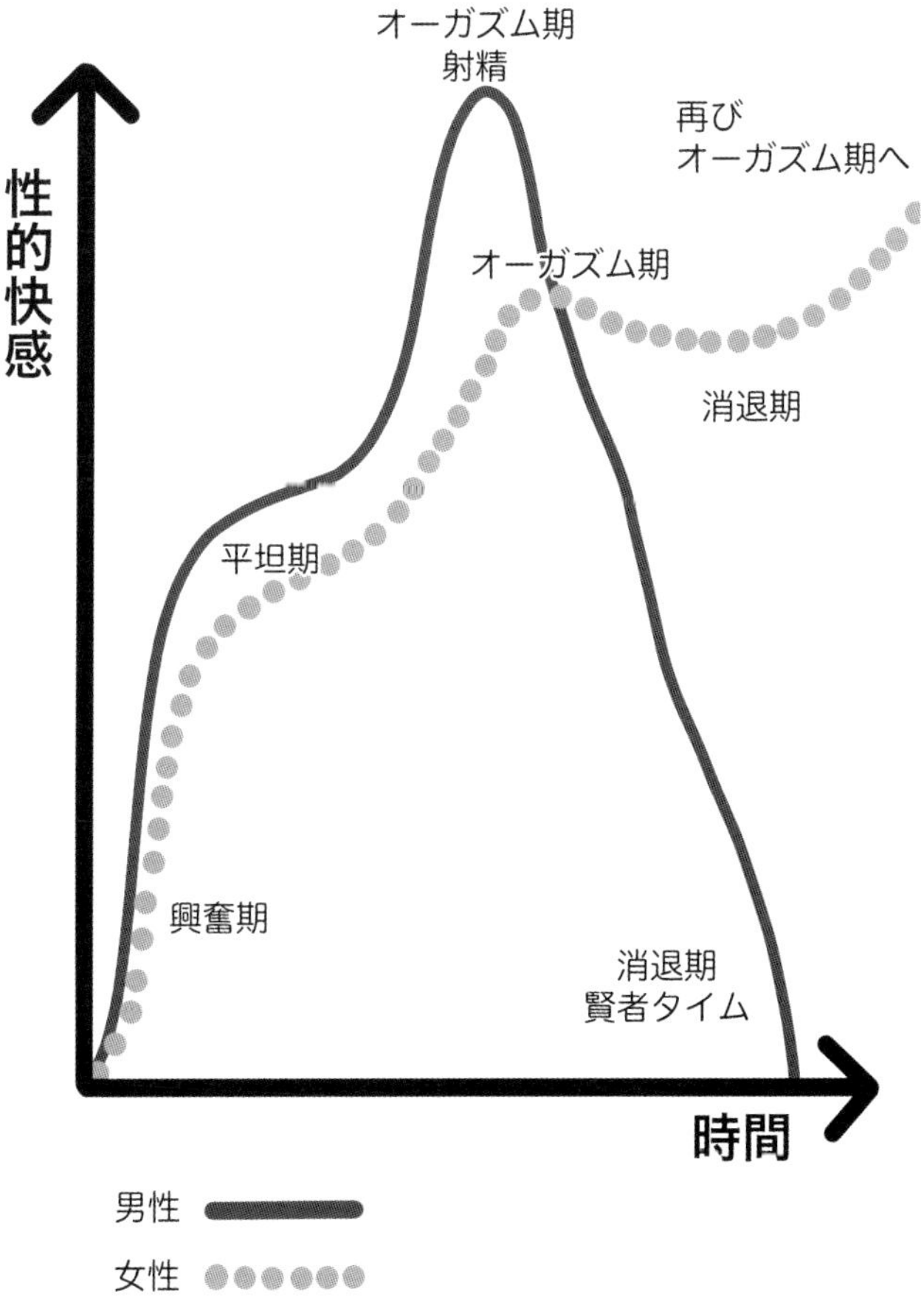
オーガズム期
射精
再び
オーガズム期へ
性的快感
オーガズム期
消退期
平坦期
興奮期
消退期
賢者タイム
時間
男性
女性

ラブグッズについて

その機能やデザインなど多様な種類が発売されている大人のおもちゃと呼ばれるラブグッズ。

昔は、その形状だったり、購入できる場所が限られていたので、手が届きにくいものでした。現在は、オンラインショップや百貨店でも取り扱われるようになり、デザインもオシャレに。さらに機能も充実し、自分に合うものを見つけられるようになりました。

どんなグッズがあるのかわからない人、これから使ってみたい人のために、ここでは代表的なグッズを2つご紹介しますので、ぜひセックスの質を上げるラブグッズを体験してみてください。

	ローター 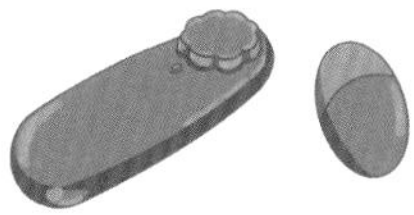	バイブ 
使用目的	性感帯を振動で刺激するラブグッズ	挿入するタイプのラブグッズ
使用部位	全身	クリトリス・Gスポット・膣・前立腺など
特徴	乾電池式でお手軽なものがあるので、初心者が試しやすい プラスチック製、ふんわりソフトな素材、防水加工で丸洗いできるもの、充電式でハイパワーなもの、リップスティック型、クリトリス吸引型、リモコンやアプリと連動して遠隔操作できるタイプなど価格や機能が幅広い 女性器だけでなく、胸、背中、ヒップとカラダのいたるところに使える	クリトリスを刺激する突起部分がついた二股タイプ、U字型のカップル用バイブ、男性の前立腺用、膣に挿入して自力で締めると振動が起こる女性の膣トレ用、ひと肌に温まるヒート機能が搭載されたもの、ピストン運動するバイブなど多種多様 素材は医療用グレードのシリコンで人体に安心な素材もありますが、基本的にはコンドームをかぶせて使う
選び方	ふたりで使うものを探す時は、オンラインショップを一緒に見ながら選ぶのが安心で楽しい	
	女性が運営するオンラインショップはサイトもオシャレで家族に知られないように梱包配送してくれるのでオススメ	

コンドームについて

避妊や性感染症予防の観点から、セックスにおいてコンドームは必需品。ラブグッズ同様、昔は、その臭いや性質から抵抗を持つ方もいましたが、近年では薄さ、サイズ、潤滑ゼリーにこだわったものなど色々なタイプのものが発売されています。

ですが、コンドームの素材についてはまだまだ多くの人が知らないのではないでしょうか。素材ごとの特徴を知り、コンドームをより正しく使うことでその効果が発揮されます。装着するタイミング、保管方法、裏表の確認など正しい使い方も改めて確認すること。それこそが安心安全の本当に気持ち良いセックスとなります

コンドームの特性について

素材	ポリウレタン	ラテックス	イソプレンラバー （人工ゴム）
薄さ	極薄 （0.01mm ～ 0.02mm）	極薄～最厚（0.1mm） まで多様	0.06mm
伸縮性	×	○	◎
アレルギー	アレルギーなし	ラテックス アレルギーの ある人は使えない	アレルギーなし
特徴	素材と薄さにより、 熱伝導率が高い	バリエーションが 豊富	伸縮性が高く、 やわらかい
	伸縮性が低い分、 サイズ展開が豊富	伸縮性が高く、 フィット感が高い	男性は 装着しやすい
	ゴワつきを 感じる人もいる	摩擦係数が 高いため、 ゴムずれによる 性交痛の可能性有	薄さより やわらかさ重視

（2020年 5 月現在）

ローションと潤滑ゼリーについて

ローションには様々な種類があることをご存じでしょうか？　カラダの表面に使ってヌルヌル感を楽しむ前戯用のものや男性のマスターベーション用のもの、性交時にカップルで使うもの、女性の潤い不足を解消する潤滑ゼリーなど。

世間ではローションとしてひとくくりにされていますが、その使い方や特徴は異なり、使い方を間違えると肌トラブルの原因になります。これを機に正しい使い方を覚えて、自分に合うローションを見つけましょう。

ローションと潤滑ゼリーの違いについて

<table>
<tr><th></th><th>ローション</th><th>潤滑ゼリー</th></tr>
<tr><td></td><td></td><td></td></tr>
<tr><td>使用
用途</td><td>ボディマッサージ／男性の
マスターベーション　等</td><td>女性器の保湿／潤い不足
の解消／性交痛対策等</td></tr>
<tr><td>シチュエーション</td><td>ボディ上でヌメリを
楽しみたい時</td><td>ふたりで使う／
ラブグッズを使う時</td></tr>
<tr><td>主成分</td><td>水／ポリアクリル酸Na　等</td><td>水／グリセリン　等</td></tr>
<tr><td rowspan="4">まとめ</td><td colspan="2">ローションは粘膜に使用する目的で作られていないので、
膣に使うのは避けましょう。</td></tr>
<tr><td colspan="2">潤滑ゼリーは、ウォーターベース、シリコンベース、
オイルベースなど様々な種類があります。</td></tr>
<tr><td colspan="2">ラブグッズやコンドームと相性が良いのは
ウォーターベースの潤滑ゼリー。</td></tr>
<tr><td colspan="2">選び方を間違えるとコンドームが破れる原因になったり、
グッズが変質するので注意。</td></tr>
</table>

女性器の構造

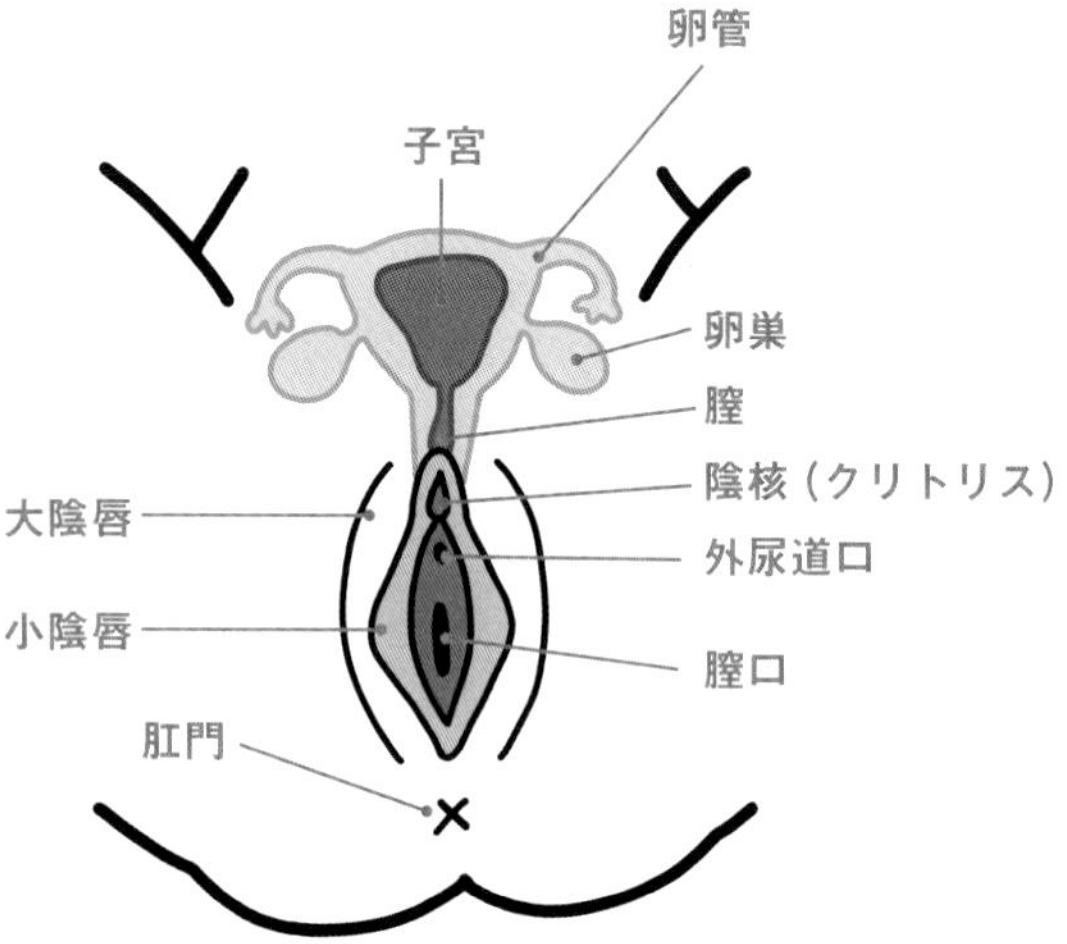

快感を得るため、生殖のために機能しています。人と比べる機会は少なく、コンプレックスを抱きやすいデリケートな部位でもあります。相手が慎重に触れるのはもちろん、ご自身でも日々のケアや定期的な検査を心がけ、清潔感と健康を保ち、不安や悩みのないセックスライフへとつなげましょう。

男性器の構造

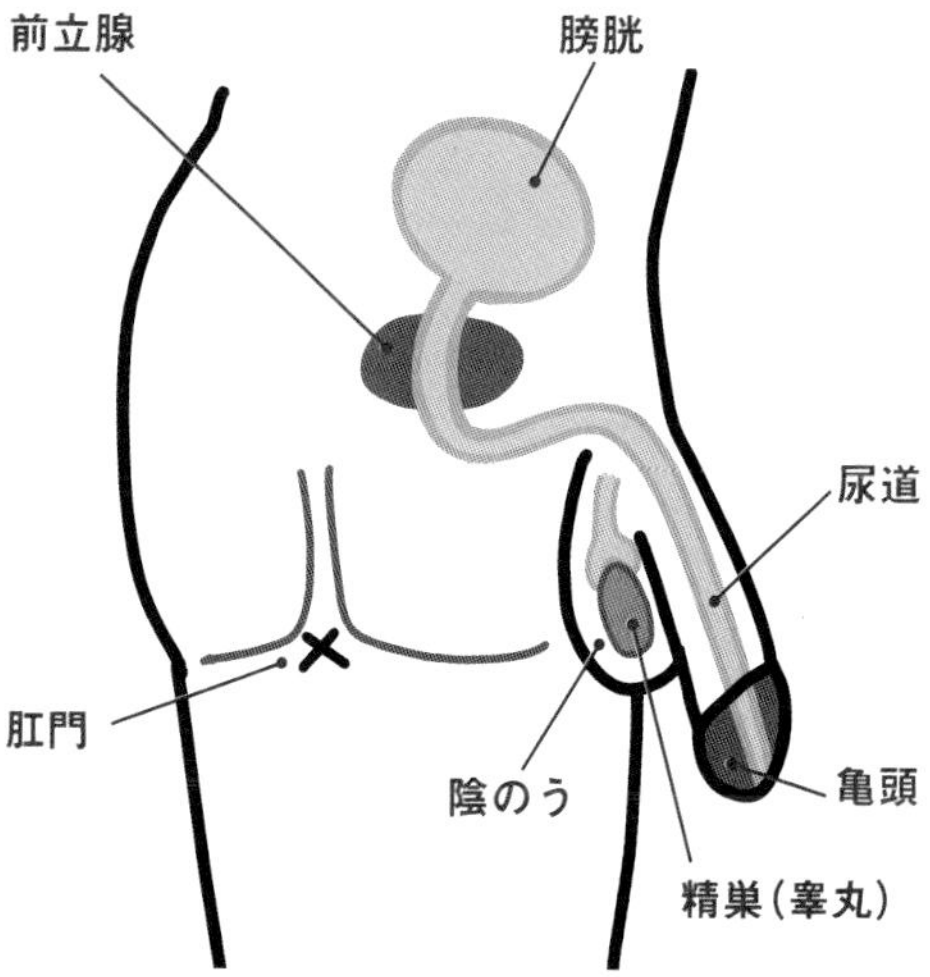

近年、若年性勃起不全などが大きな問題になっています。ある調査では、セックスに興味がない、したいと思わないと回答する率が高まっているという結果も。射精は、男性のカラダにとってとても大切なことです。悩みのある方は、パートナーへの相談や医療機関での受診をしましょう。

男性器への愛撫テクニック

ハンド

スライド

手で握り、上下に擦る動き。最も射精感が高まる愛撫。「強く」「弱く」×「早く」「ゆっくり」を組み合わせ、まずは弱くゆっくりからスタートし、どの組み合わせがベストかを探る

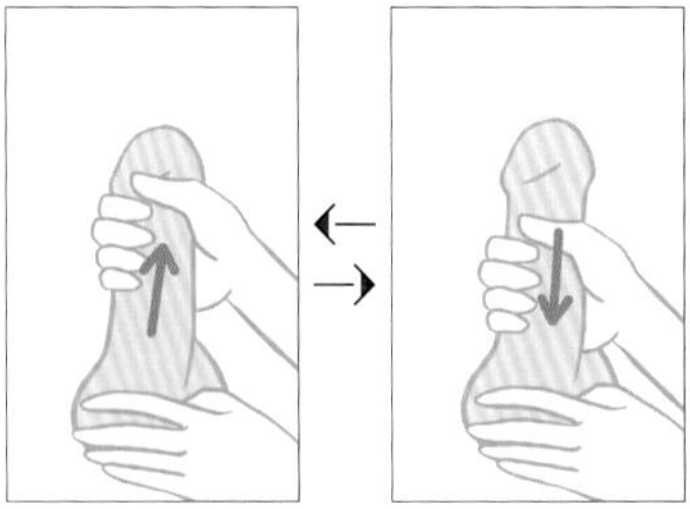

8の字スクリュー

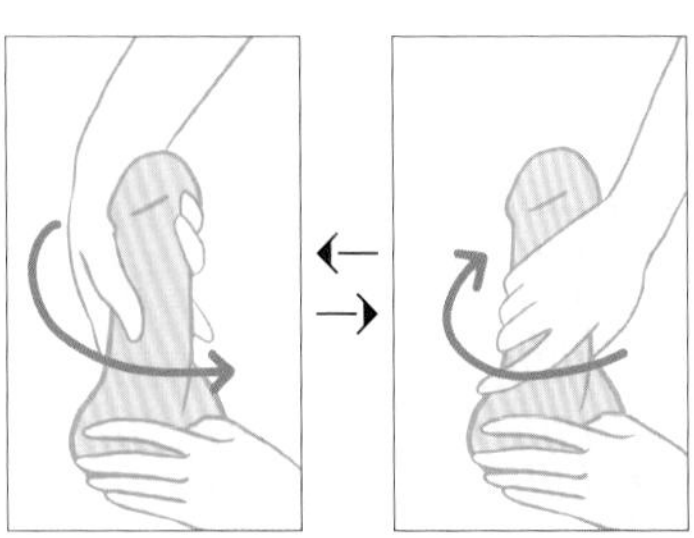

握手するように片手で握る。強く握らずやわらかく。もう片方の手は根元にそえて固定。

8の字を描くように回転させながら上下運動。カリ首を通過時に薬指をひっかけると、快感度がアップ。

OKサイン

勃起した状態でカリ首を固定。親指と人差し指でOKサインを作り、1cm幅くらいの上下摩擦でカリ首を集中的に小刻みに攻める。カリ首は見落としがちな性感帯

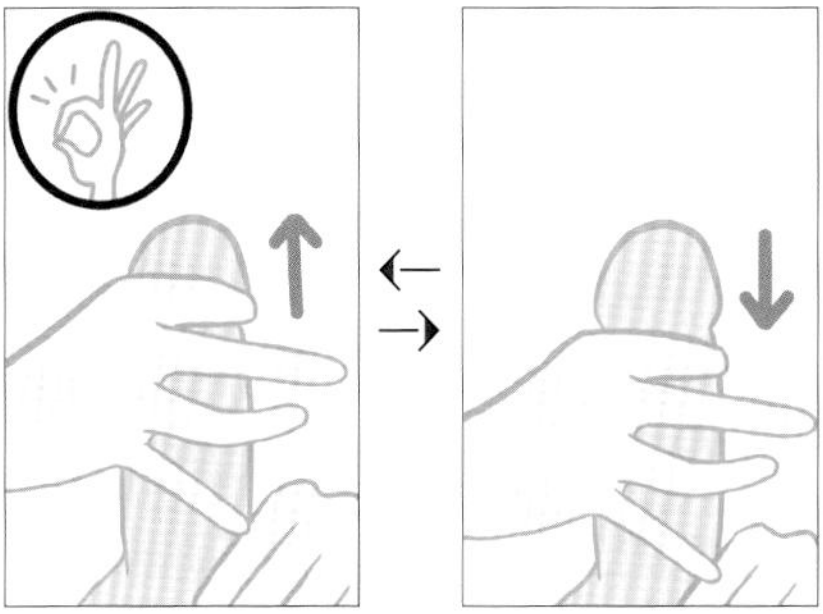

イイ子イイ子

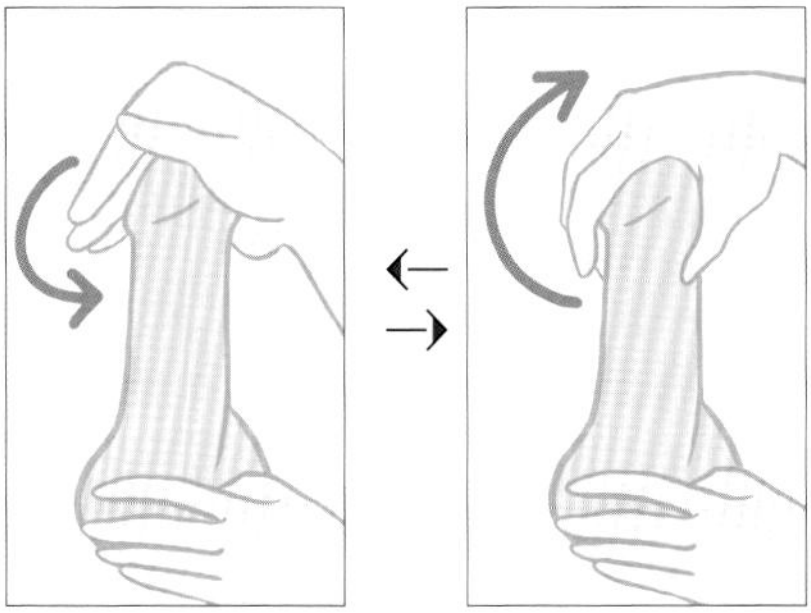

勃起した状態で亀頭をなでる動き。手のひらの真ん中あたりを亀頭のてっぺんにかぽっとかぶせ、小さい子の頭を「イイ子、イイ子」するように、時計まわりになでる

男性器への愛撫テクニック

オーラル

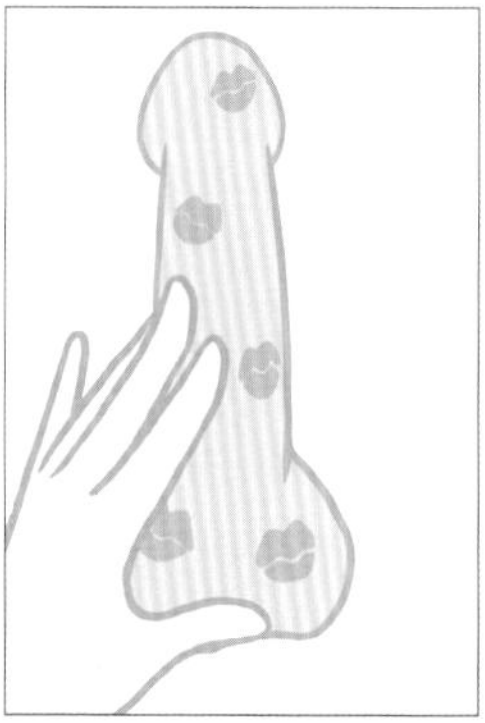

ぷにキス

口に含む前に、ハンドテクニックで反応が良かった場所をぷにぷにとしたやわらかい唇でキス。特に感じる裏筋は根元から亀頭に向かって、キスしながら移動する

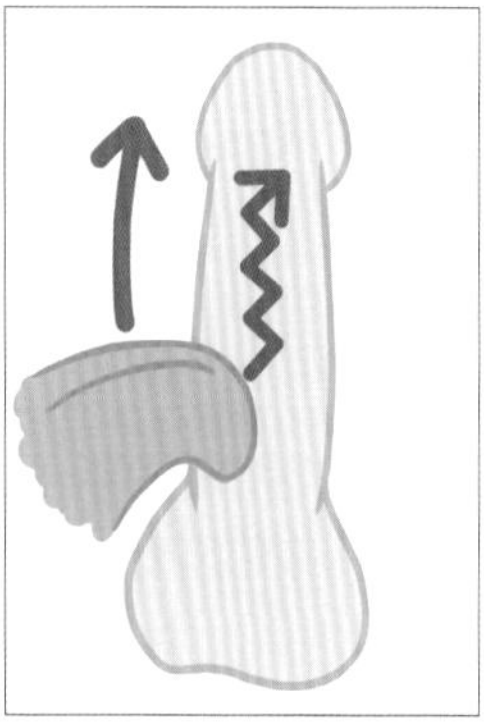

ロリポップ舐め

舌先を裏筋に添わせ、細かく舌を縦横に動かす。横に動かしながら根元からジグザグに上がっていく快感が新感覚。舌全体は裏筋に密着させ、キャンディーをイメージし、ゆっくりと舐め上げる

ソフトバキューム

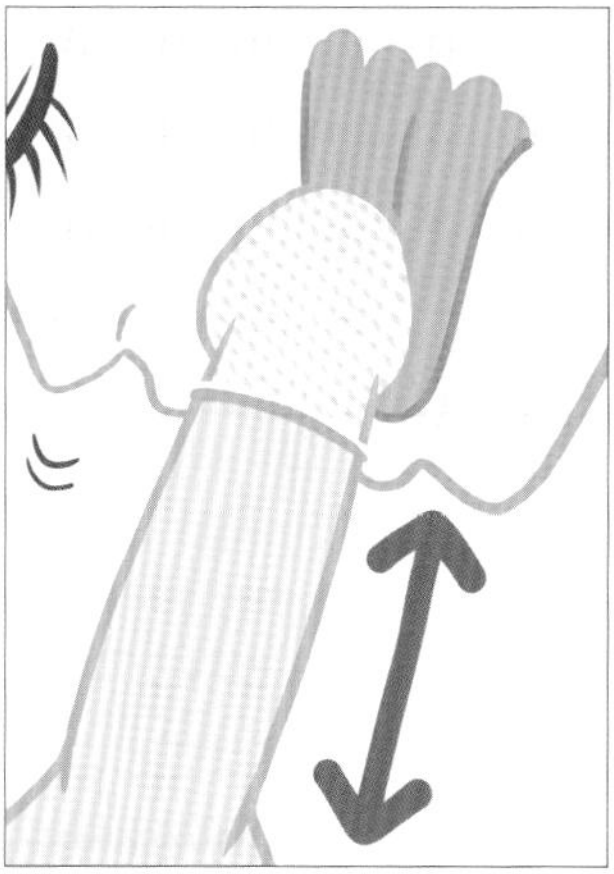

裏筋に舌全体を添わせ、ゆっくりと口のなかに含む。膣への挿入をイメージして、口のなかの粘膜でしっとりと包み込むように密着させるとホッとするような安心感を覚える

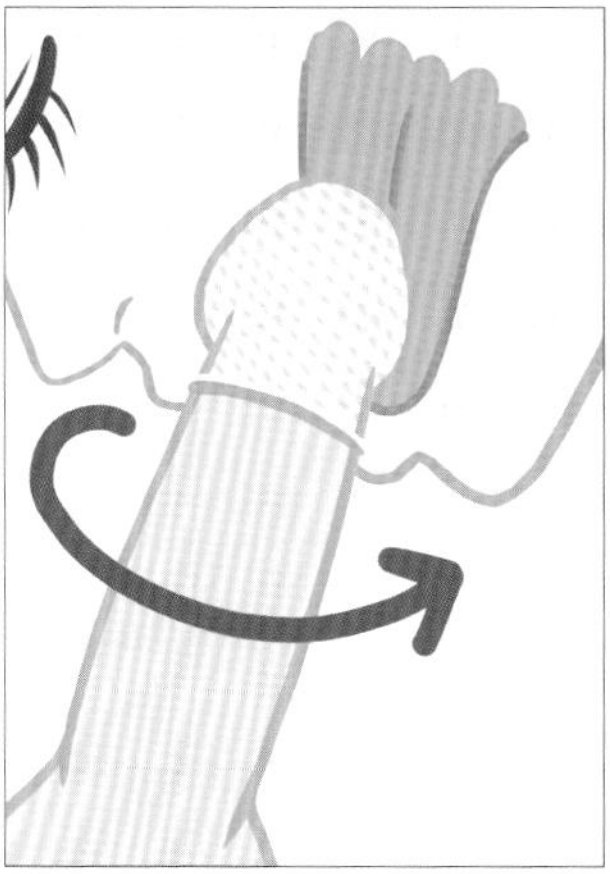

ローリング

口に亀頭を含み、舌を密着させる。舌先で自分の歯茎をぐるりと一周なぞるようなイメージで時計まわりに渦巻きを描くように動かす

女性器への愛撫テクニック

ハンド

小陰唇スライド

小陰唇のヒダとヒダの間に中指を滑り込ませ、膣口からクリトリスまでゆっくりと上下しながらなでる。指は膣内に入れず表面のみ。膣口付近からの愛液でクリトリスをヌルヌルさせると感度アップ

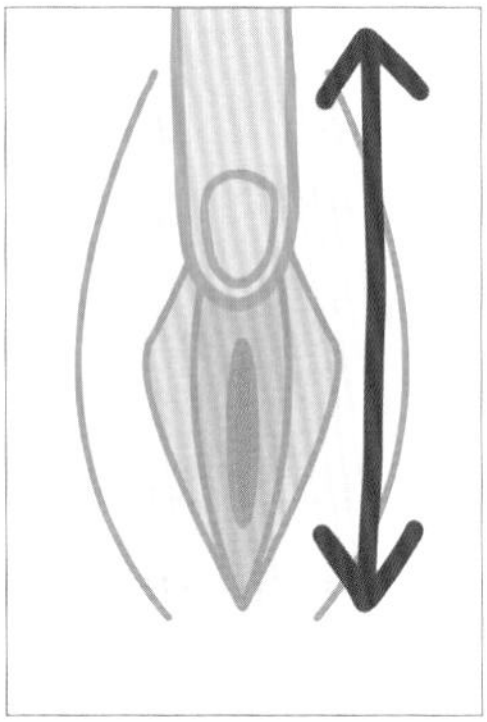

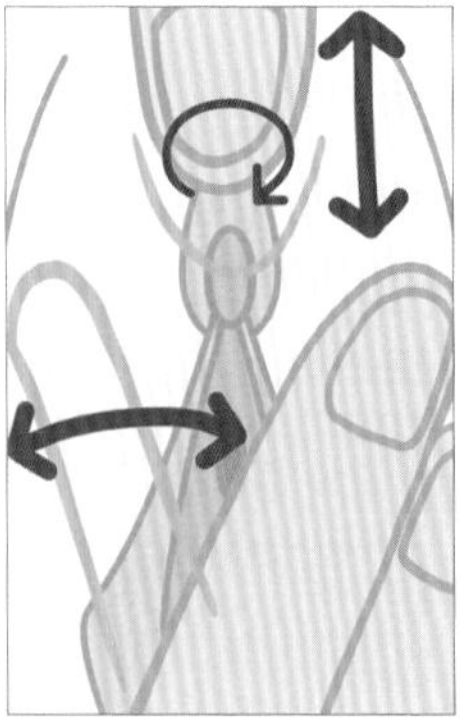

クリトリス

ゼリーの表面を押しつぶさない程度のソフトな力加減で包皮ごしになでる。触り方は①円を描く②上下③左右を試しながら反応の良い触り方を見つける

膣ほぐし

膣の傾斜にあわせてゆっくりと中指を第二関節まで挿入。挿入後は、膣と指がなじむまで動かさない。左右にゆらゆら動かしたり、ワイングラスをまわすように小さく円を描くようにほぐす

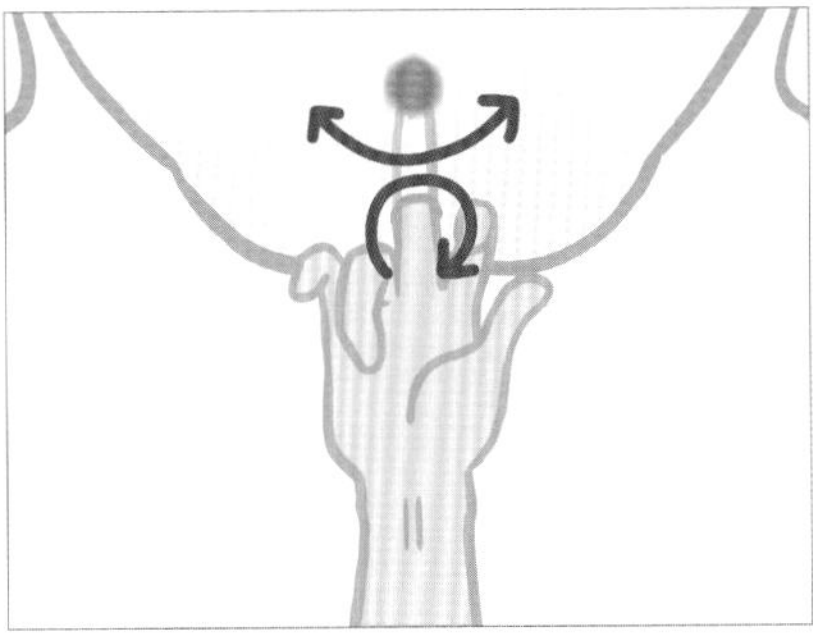

Gスポット

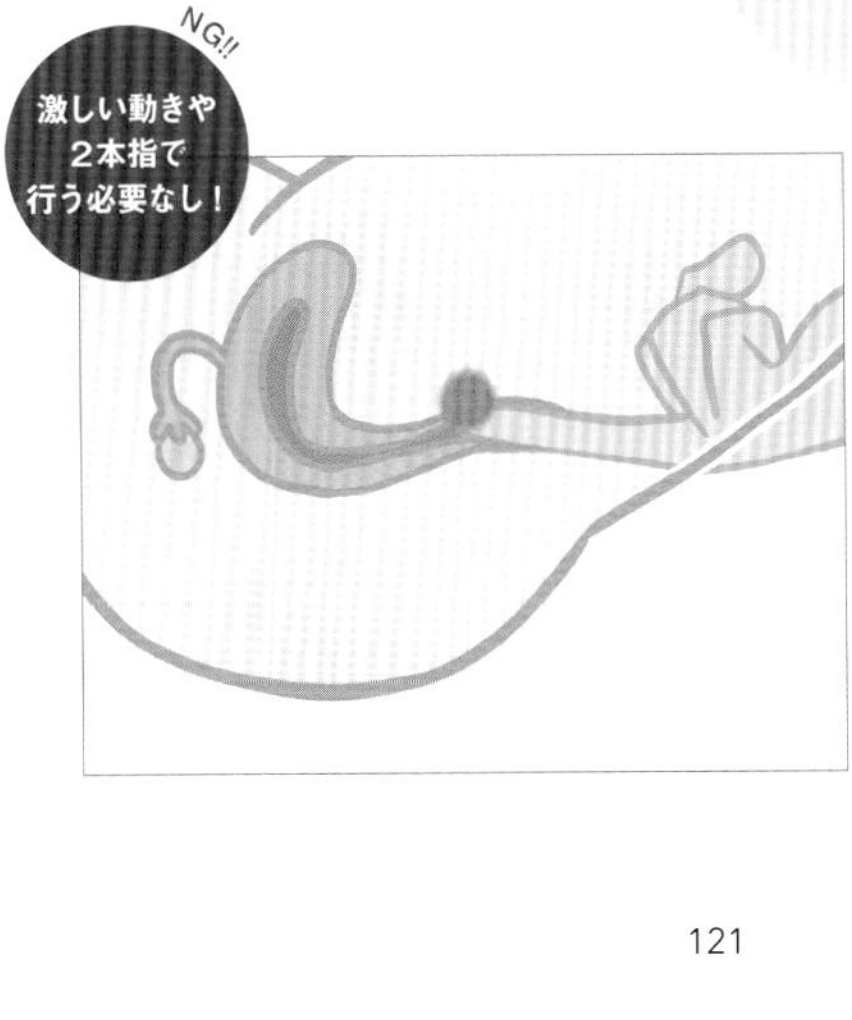

膣の入口から中指第二関節まで入れたあたりの前壁（お腹側）を探り、第二関節をゆっくり曲げ、指のはらで軽くノックするように圧迫バイブレーションや、小さく円を描くように膣壁を擦る

女性器への愛撫テクニック

オーラル

焦らしキス

いきなりクリトリスではなく、大陰唇、小陰唇にキスをして焦らす。小陰唇は、はむっと唇で挟むように。焦らした後にクンニリングスを行えば、焦らし効果で感度アップ

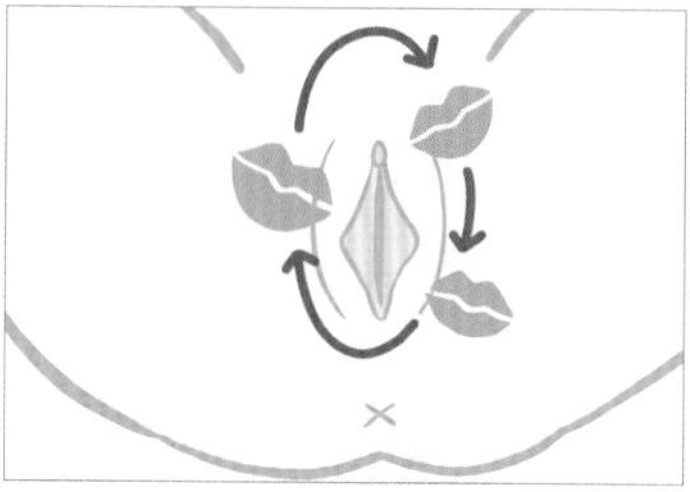

クリトリス上下

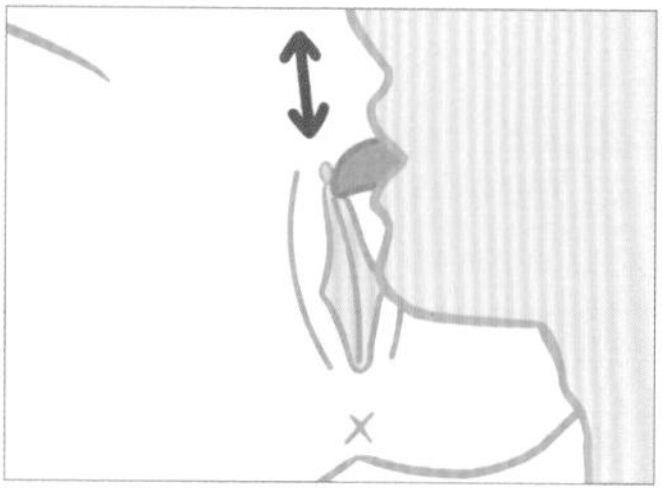

ゼリーの表面を押しつぶさない程度のソフトな舌の力加減で下から上にクリトリスの包皮をめくるように舐める。舌先でのツンツンは痛いので、舌の力を抜きやわらかい状態で舐めるのがポイント

クリトリスサークル

クリトリスの表面に舌先で円を描くように舐める。大きい円、小さい円、時計まわり、逆時計まわりと変化をつけて、気持ち良い舐め方を探る

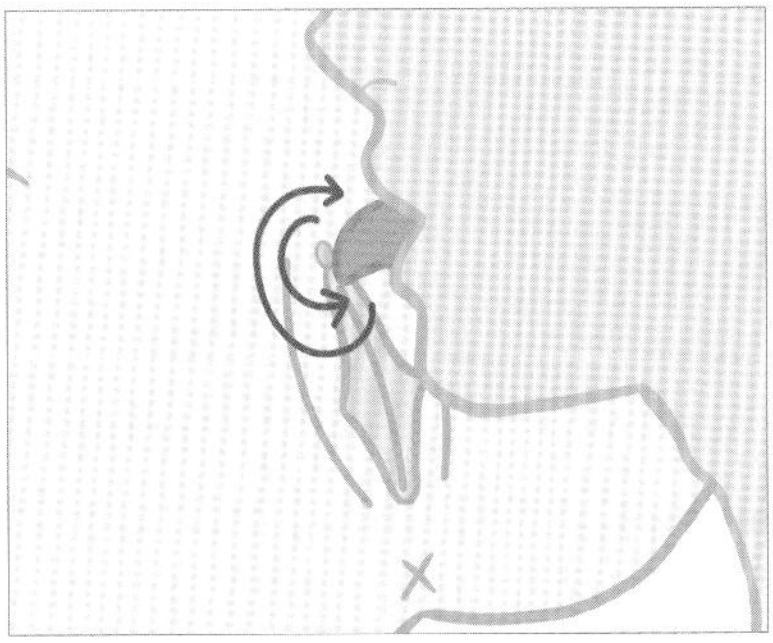

吸引舐め

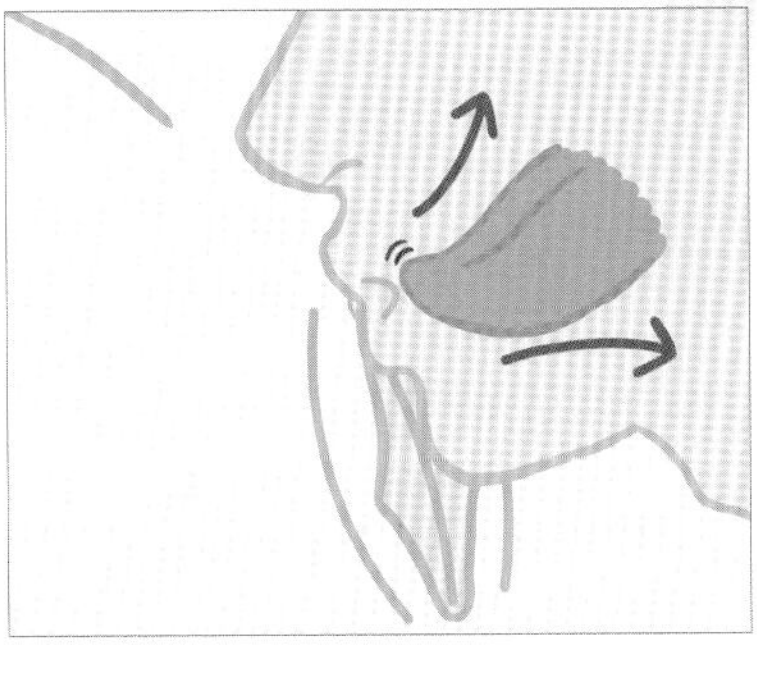

クリトリスの周囲に唇を押し当てて包皮をめくり密閉。クリトリスをやさしく吸い込み、口の中で露出したクリトリスを舌先で上下・円を描くように舐める

男性器への愛撫テクニック

ハンド×オーラル

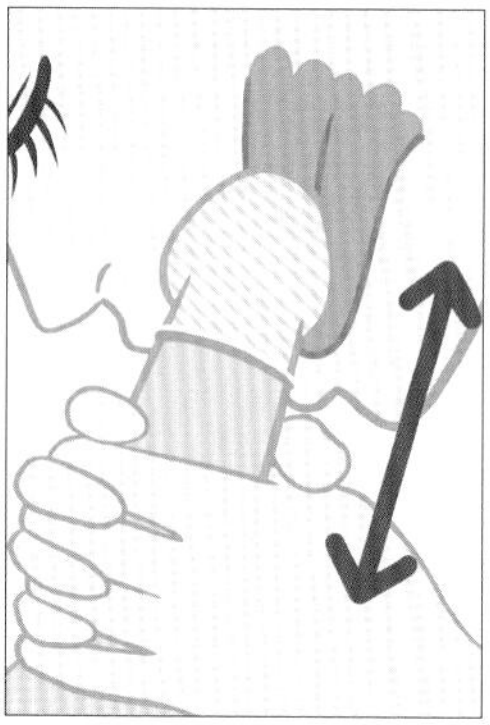

ローリング×両手挟み

オーラルは亀頭を含み舌を密着。時計まわりに渦巻きを描くように動かす。ハンドは両手で上下スライド

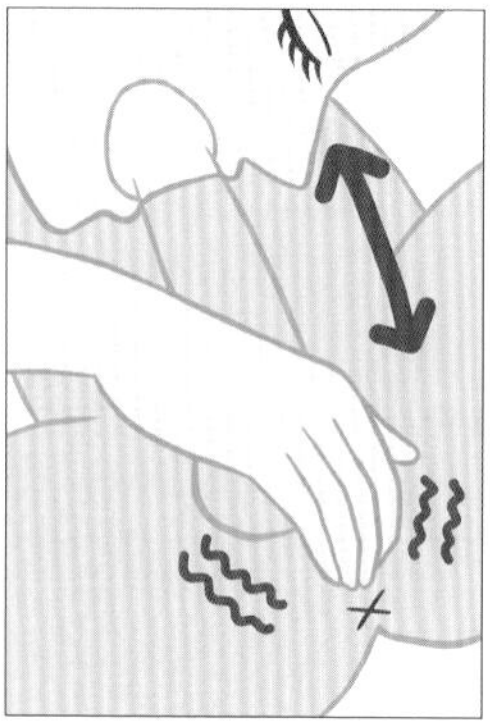

ソフトバキューム×会陰圧迫バイブレーション

ペニスを口に含みソフトバキュームしながら上下に動かす。空いている片手の中指を会陰にあてがい、体内にある前立腺に刺激を与えるように圧迫バイブレーションを行う

女性器への愛撫テクニック

ハンド×オーラル

クリトリス+Gスポット

片手の中指でGスポットを押さえ、圧迫振動でほんのり刺激。
口はクリトリスを優しく吸い込んだり、舌先で上下・円を描くように舐める

乳首+クリトリス

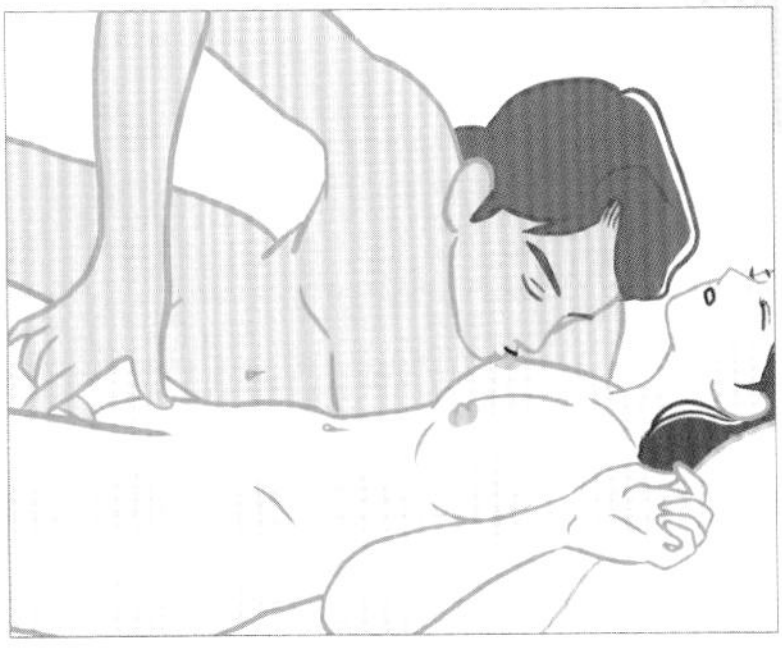

胸にキスができる位置に添い寝。片手でクリトリスをマッサージするように愛撫。手の動かし方は、上下・円・左右と動かして気持ち良い触り方を探す

Column

耳そうじの意外な効果？？

セックス会話力を鍛える

セックスの最中に「そこじゃないかも」「それ気持ち良くない…」と相手に伝えたいけど、何て言ったらいいかわからない。そんなこと、ありませんか？

相手に本当にして欲しいことを具体的に伝えるには、「そこがいい」「これが気持ち良い」と実況中継をするようにフィードバックすることです。そこでオススメなのが、簡単で具体的な会話の練習方法としての「耳そうじ」です。

綿棒で耳の穴の入口をなでながら「痛くない？」「大丈夫？」と細やかなコミュニケーションをとります。疑似セックスだと思って会話のキャッチボールを。「そこはちょっと痛い」「気持ち良い」「ちょうどいい」「もう少し優しくして」「天才！」と快も不快も正直に伝えてみましょう。セックスのコミュニケーションはこんな簡単なことで深められるのです。

ひざ枕で耳そうじをしながら一日の出来事も話すことで、カラダだけでなく心もほぐれ、その後に続くセックスは優しさに包まれるでしょう。

誰にも言えなかった…。

その悩み、

もうあきらめていませんか？

お疲れレス

「仕事で疲れてる」「明日早いから寝たい」など、日々の疲れでタイミングを逃し、気づいたら、もう何か月もしてない…そんな経験をされている方がこのお疲れレス

ふたりの今の状態

日々の疲れから、
気持ちに余裕がなくなっているだけで、
決して、嫌いになったわけではない

ふたりはこれからどうすればいい？

しっかりと疲れをとり、
リラックスすること

Technique　オススメテクニック

ふたりで お風呂に入る

背中を洗ってあげる、肩や腰を軽くマッサージしてあげるなど、してあげる、してもらう合戦で、スキンシップと優しさが復活！

ひざ枕で耳そうじ

ひざ枕は、甘えとリラックスの象徴。そして、耳は第二の性器とも言われる場所。そうじをしている間に疲れも軽くなるでしょう

マンネリレス

セックスをするタイミング、場所、内容がいつも一緒。創意工夫がないワンパターンセックスでやる気が減退しているのがマンネリレス

ふたりの今の状態

コミュニケーション不足で
お互い満足度が低い

↓

ふたりはこれからどうすればいい？

希望やお願いを言葉や文章、
映像で伝え合う

Technique　オススメテクニック

カミングアウト愛撫ゲーム

自分がしてほしいこと、興味があることを、あえて相手にすることで、自分の希望をプレイで伝えるゲーム。行為中でもあるので、それがまた新鮮さを生み出す

情熱的なラブシーンが多い海外ドラマや映画を観る

鑑賞しながら、そのシーンの感想などを言葉にすることで、さりげなく希望が伝えられ、変化をつけやすくなる

タイミングレス

残業や出張、飲み会、そして子育てなど、あらゆる理由で、一緒のタイミングでベッドに入れない、睡眠時間の違いなどのすれ違いが多いのがタイミングレス

ふたりの今の状態

タイミングが合わないだけ、のはずが…
それが続くと気持ちが冷めてくる

ふたりはこれからどうすればいい？

タイミングは合わせるもの！
お出かけやデートの予定を話し合ってみて！

オススメテクニック

セックスをしなくてもOK

タイミングがそれでも合わない場合、手をつないで寝る、ハグやキスだけするなど、大切なのはスキンシップをとり続けること

ふたりで過ごせる時間を作る

お互い仕事をしているなら有休や半休を。子供がいる場合は、両親や兄弟に預けるなど工夫して、ホテルや個室付きの温泉などにお出かけをしてみるのもOK

めんどうくさいレス

シャワーを浴びたり、ベッドの後片付けがめんどうなど、セックス前の準備、後片付けがめんどうになっているのがめんどうくさいレス

ふたりの今の状態

昔の、恋人時代の良かったセックスから
抜け出せていない

↓

ふたりはこれからどうすればいい？

工夫次第で
頑張らないセックスが吉ともなる

オススメテクニック

服を脱がない半脱ぎセックス

女性ならワンピース型パジャマ、男性なら下着１枚やガウンなどであれば、脱ぐという行動も簡素化でき、また、そのまま寝ることも可能！

お風呂でイチャイチャ

セックスはベッドですることが全てではないので、新鮮さを出すという意味も含めて、一緒にお風呂に入り、お互いのカラダを洗いあって気分を盛り上げられたらGOOD

お友達レス

普段から会話もあり仲良し。だけど、過ごす時間が長くなると共に、パートナーを異性として見られなくなるのがお友達レス

ふたりの今の状態

仲良しだから、まっ、いっか！となっている

ふたりはこれからどうすればいい？

**恥ずかしさを乗り越えて、
セックスの話をきちんとする**

Technique　オススメテクニック

手紙やメールでもいいから、気持ちを伝える

長い時間を共にしていると、愛情表現が薄くなりやすいもの。だからこそ、レスを解消するためにも、話し合うことやメール、手紙などで改めて気持ちを伝えることが必要

LOVEもみを試してみる

お友達レスの場合、その機会を見つけるのも難しいところ。そんな時は、ぜひ、「マッサージするよ！」の声かけでLOVEもみを試してみて

産後レス

妊娠、出産を機にセックスレスとなる状態。子供が中心の生活リズムになるため、多くの方がこの産後レスになりやすい

ふたりの今の状態

タイミング、お疲れなど
あらゆるレスの要素があり、お互いが探り合い

↓

ふたりはこれからどうすればいい？

夫婦から家族に変化した関係性に慣れるまで、
今は焦らずお互い寄り添うことが先決

オススメテクニック

「LOVEもみ」でリラックス

育児と仕事でお互い心身共に慣れない環境でお疲れの時期。時間は調整しやすい方が調整をして、寝る前の5分でもいいから、LOVEもみ合戦でその日をねぎらう

女性の気持ちを尊重する

妊娠、出産、授乳期はホルモンバランスが変化するので性欲がグッと低下する人も。落ち着くまで家事、育児をふたりで協力して行い、ママファーストを心がける

女性：性器のコンプレックス（ニオイ 黒ずみ）

原因

（ニオイ）アンダーヘアの未処理／汚れの洗い残し／膣の乾燥／性感染症　等

（黒ずみ）下着の締め付け／摩擦／圧迫　等

オススメ解消法

ニオイのケア

アンダーヘアの処理、pHバランスに配慮した専用ソープで丁寧に洗浄。おりものが気になる場合は専門医で受診をしてください

黒ずみのケア

締め付けと摩擦を減らしましょう。下着なしで寝る、トイレでゴシゴシ拭かない、お風呂上がりに専用クリームで保湿するなどを習慣づけましょう

他にもまだある解決法!!

下着の変更…下着を変えるだけでケアになります。素材を肌ざわりのよいシルクやオーガニックコットンに変えてみたり、お尻の黒ずみ対策にはTバックやシームレスタイプの締め付けが少ないものが◎

女性：性交痛

原因

潤い不足／外陰部の巻き込み／ペニスのサイズが大きい／男性のテクニック不足／婦人科系疾患　等

オススメ解消法

潤滑ゼリーの使用

性交痛で最も多い原因の一つが潤い不足。理由はそれぞれですが、まずは潤滑ゼリーを使用することで痛みの軽減を目指してみましょう

スローインサート正常位

とにかく、ゆっくり挿入することが大切です。小陰唇や陰毛を巻き込んでいないか、また痛みのあるなしを慌てずに確認しましょう

他にもまだある解決法!!

体位の変更…挿入の角度や性器の形が痛みの原因とも考えられるので、深く入り過ぎていないか体位ごとに確認。また、クッションを腰などの下に入れて角度を変えてみるのもOK

女性：快感がわからない
（クリトリスオーガズム）

原因

自分の性感帯を知らない／男性のテクニック不足／骨盤底筋の緩み　等

Technique オススメ解消法

セルフプレジャー（マスターベーション）をしてみる

痛くはないけど、セックスの気持ち良さを感じないという人は、まずは、自分の性感帯を探すためにセルフプレジャーをしてみましょう

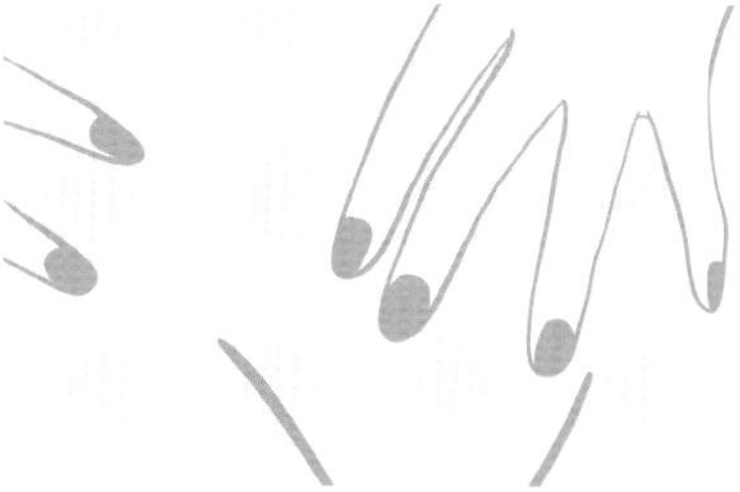

ラブグッズを使う

オーガズムを得やすいクリトリスをラブグッズ（ローター）で刺激。セックスでは感じなくてもグッズだと自分のペースで気持ち良くなれることも

他にもまだある解決法!!

性的空想…セクシュアル・ファンタジーと呼ばれるHな妄想。理想の相手やしてみたいプレイを思い描き、脳を興奮させることで感度が上がります

女性：セックスの気持ち良さがわからない

（膣オーガズム）

原因

自分の性感帯を知らない／骨盤底筋の緩み／愛撫が足りない／挿入時間が短い　等

Technique オススメ解消法

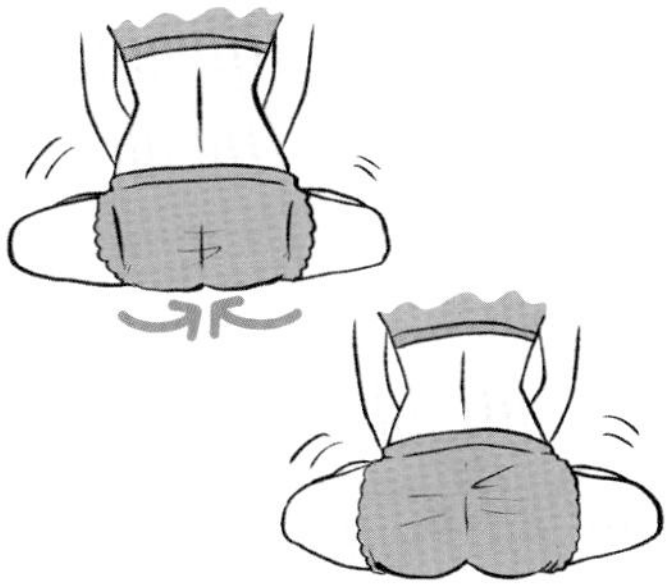

骨盤底筋 トレーニング（膣トレ）をする

骨盤底筋は女性器を支える大切な筋肉群。そこの筋肉量が多いと、性機能が高まり、イキやすくなるカラダに。

足ピン正常位

マスターベーションならイケるという人の中に、実はその時、足がピンとなっている人も。そんな人は足ピン正常位や立ちバックがオススメ

他にもまだある解決法!!

ラブグッズを使う…バイブを使って、自分のペースで膣内の性感帯を探し、角度なども探りながら気持ち良いポイントを刺激することも

男性：遅漏（膣内射精障害）

原因

不適切な
マスターベーション
等

Technique　オススメ解消法

女性の愛撫協力

射精直前まで女性に愛撫してもらい、膣での射精を目指す。膣での射精を目的とするため、時に挿入時間が短めになることも

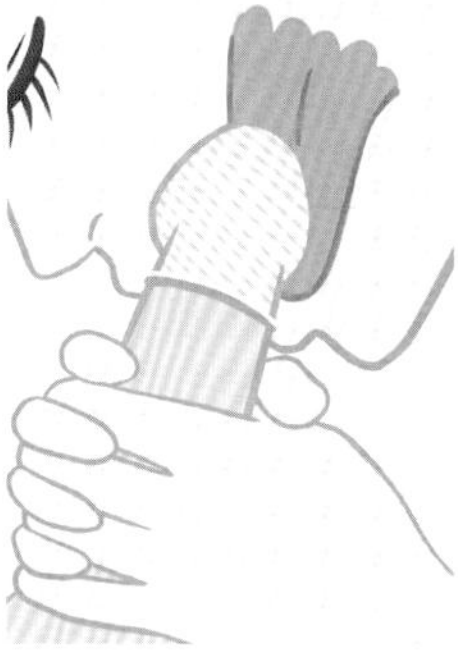

ソフト・マスターベーション

膣の刺激では物足りない、という状態を避けるため、弱い刺激でも射精できるように強度（握力）を緩めてマスターベーショントレーニング

他にもまだある解決法!!

メンズトレーニングカップの活用…医師も推薦する段階的に弱い刺激に慣らしていくトレーニング用の商品があるので、それを活用するのもオススメ

男性：早漏

原因

刺激に敏感／
興奮しやすい／焦り
等

Technique オススメ解消法

マスターベーション トレーニング

射精しそうになったら止める。落ち着いたら再開し、また射精しそうになったら止める。これを３回繰り返し、射精のタイミングをコントロール

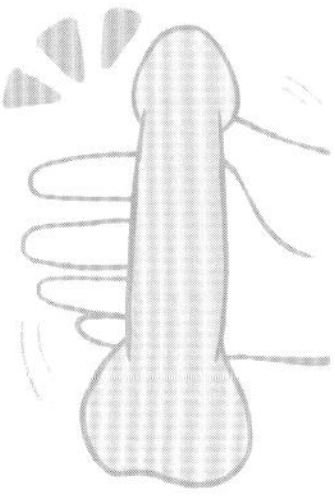

背筋伸ばし 深呼吸正常位

早漏の原因の一つがメンタル。背筋を伸ばし深呼吸をすることで、焦りが和らぎ、不安の軽減につながることも。体位を変えるのも一つの手段

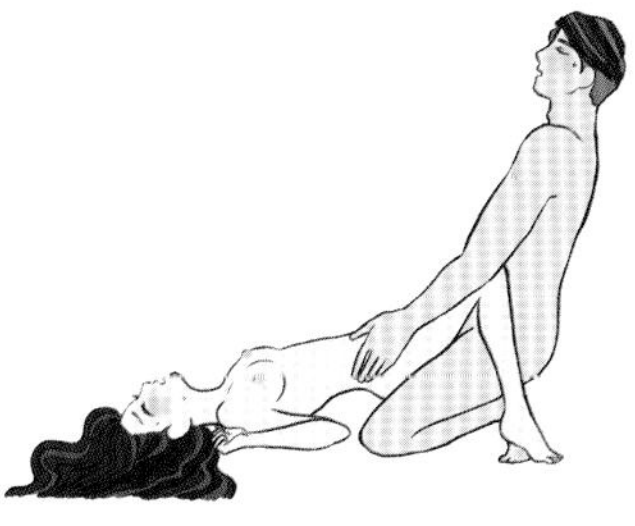

他にもまだある解決法!!

メンズトレーニングカップの活用…医師も推薦する段階的に強い刺激に慣らしていくトレーニング用の商品があるので、それを活用するのもオススメ

あきらめないで!!

男性：中折れ

原因

緊張感・焦り／
予期不安　等

Technique　オススメ解消法

リラックス&コミュニケーション

焦りは禁物。じっくり愛撫し合う、途中で休憩を入れるなど工夫をしセックスを行う。また、今の状態を予めパートナーと共有することも大切

挿入したままの体位転換

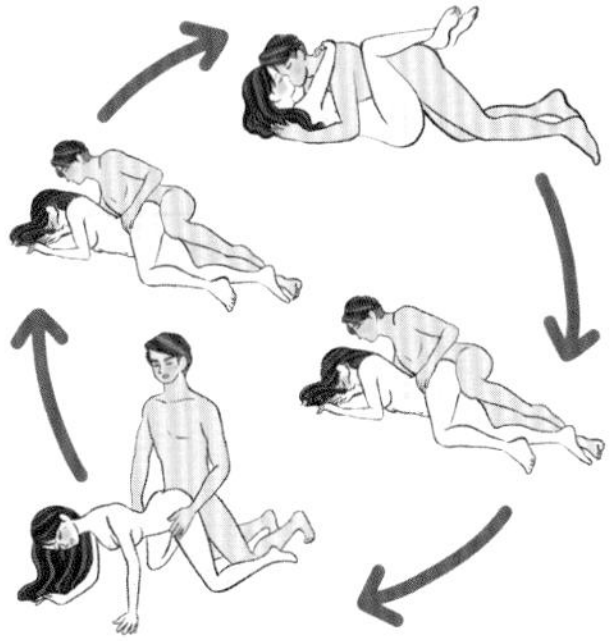

体位を変える際の抜き差しで萎えてしまう場合もあるので、正常位→側位→バックなど無理のないカラダの動きで挿入時の抜き差しを控える

他にもまだある解決法!!

専門医による処方…恥ずかしさもあるでしょうが、専門医を受診し、ED薬の相談してみるという選択肢もあり

男女：久しぶりのセックス

原因

お疲れレス／
タイミングレス／
産後レス　等

オススメ解消法

丁寧な前戯（膣ほぐし）

久しぶりのセックスで、双方の心とカラダが準備不足の可能性も。なので、焦らず、固まった心とカラダをほぐすためにも、前戯は丁寧に

形状記憶正常位

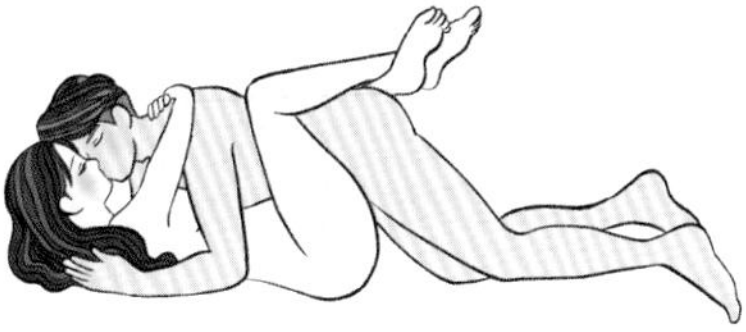

挿入したら、すぐに動かず、お互いのフィット感を思い出す意味も含めて馴染ませる時間が必要。抱きしめ合い、愛情を伝えればGOOD

他にもまだある解決法!!

潤滑セリーの使用…久々のセックスの場合、潤いが足りない可能性も。その時は、潤滑ゼリーを使ってみる

ＬＯＶＥもみがある毎日

最後まで読んでいただきありがとうございます。この本を読んでくださっている方が、「セックスがより楽しく、充実しますように！」と願いを込めながら作りました。いかがでしたか？　パートナーとＬＯＶＥもみを実践できましたか？

２０１８年、私は、脳卒中に倒れました。先が見えない不安な毎日で、お見舞いに来てくれる家族や友人とつないだ手のぬくもりを灯にして、暗がりの闘病生活を乗り越えることができました。この体験を通じて、大切な人と優しく触れ合い、満たされる心地良さは、孤独や困難を乗り越える力に直結していると感じました。

ＬＯＶＥもみをする時に大切なこと。

それは、相手に触れる前に自分を幸福感で満たすこと。自分自身と相手の両方に敬意をもって。今、ふたりが生きている時間を共有していることが本当に貴重であることを思い出しましょう。

日本文芸社の菊原さんには、企画の段階から、１年以上かけて伴走していただきました。ＬＯＶＥもみを多面的に考える機会を与えてくださり、本当にありがとうございました。撮影に協力してくださったモデルの古川いおりさん、北野翔さん、素敵な写真を撮ってくださったカメラマンの清水さん、ヘアメイクの藤本さん、デザイナーさん、イラストレーターさん、ありがとうございました。愛する夫と猫にも心からの感謝を。読者のみなさまのＬＯＶＥもみがある毎日が、喜びと安らぎに満ちたものになりますように！

ＯｌｉｖｉＡ

参考文献

『ふれあい　愛のコミュニケーション』（デズモンド・モリス著・石川弘義訳／平凡社刊）

『図解セックス・セラピー・マニュアル』（ヘレン・シンガー・カプラン著・阿部輝夫監訳／星和書店刊）

『性機能不全のカウンセリングから治療まで　セックス・セラピー入門』（日本性科学会編集／金原出版刊）

『スウェーデン生まれの究極の癒やし術　タクティール®ケア入門　第3版』（タクティールケア普及を考える会編著／日経ＢＰコンサルティング刊）

『人は皮膚から癒される』（山口創著／草思社刊）

『図解脳からストレスが消える肌セラピー』（山口創著／青春出版社刊）

その他、多くの書籍やＷＥＢサイトを参考にしております。